清华大学自主科研计划文科专项项目《女排精神与清华精神的新时期解读以及在高校体育教育中的应用》　课题代码 20175080078

中国男子花剑运动员灵敏与快速力量训练方法研究

彭建敏　著

北京体育大学出版社

策划编辑：吴海燕
责任编辑：吴海燕
责任校对：姜艳艳
版式设计：联众恒创

图书在版编目（CIP）数据

中国男子花剑运动员灵敏与快速力量训练方法研究 / 彭建敏著. -- 北京 : 北京体育大学出版社, 2021.3
ISBN 978-7-5644-3283-6

Ⅰ. ①中… Ⅱ. ①彭… Ⅲ. ①男子项目—花剑运动—灵敏性—运动训练—研究 Ⅳ. ①G885.12

中国版本图书馆CIP数据核字(2019)第276287号

中国男子花剑运动员灵敏与快速力量训练方法研究 彭建敏 著
Zhongguo Nanzi Huajian Yundongyuan Lingmin Yu Kuaisuliliang Xunlian Fangfa Yanjiu

出版发行：北京体育大学出版社
地　　址：北京市海淀区农大南路 1 号院 2 号楼 2 层办公 B-212
邮　　编：100084
网　　址：http：//cbs.bsu.edu.cn
发 行 部：010-62989320
邮 购 部：北京体育大学出版社读者服务部 010-62989432
印　　刷：北京虎彩文化传播有限公司
开　　本：710mm × 1000mm　　1/16
成品尺寸：157mm × 235mm
印　　张：8. 5
字　　数：135 千字
版　　次：2021 年 3 月第 1 版
印　　次：2021 年 3 月第 1 次印刷
定　　价：38. 00 元

前　言

近年来，中国击剑队在国际比赛中取得了非常优异的成绩，我国击剑运动的整体水平有了很大提高。在2011年11月结束的世界击剑锦标赛中，中国队获得2金2银的成绩，其中男子花剑队获得了团体冠军，成功卫冕。在2012年伦敦奥运会上，中国击剑队收获2金1铜，创造了奥运会最佳成绩。其中，男子花剑运动员雷声夺得个人冠军，实现了男子击剑项目境外奥运会夺金的历史性突破。但是，成绩已经成为过去，必须看到，花剑队的整体实力、运动员的体能水平还需进一步提高。总结成功的经验，弥补训练与比赛中的不足，寻求更高效的训练理念和方法，以保持中国男子花剑的竞技高水平状态，并在国际赛场上取得更大的突破已势在必行。

体能是击剑取胜的重要环节之一，在技术水平发展到一定阶段之后，体能的地位显得越来越重要。从身体素质的角度看，灵敏、协调、力量、速度、柔韧和耐力为击剑项目的要素，它们在击剑项目的专项体能系统中相互联系、相互影响、相互作用，共同构成了具有击剑项目特点的专项体能结构特征。击剑运动属于技能主导类格斗对抗性项目，它是在不断变化的形势下进行攻防格斗的，要求运动员在比赛过程中不断变化交锋的距离及节奏，通过技战术去创造和捕捉最有利的时机，在来回的移动中，配合手持剑的动作，达到击中对手而得分的目的。击剑比赛需要运动员在对手攻击时能够从容地控制好距离，及时、迅速地在移动中创造时机，捕捉时机，需要运动员动作隐蔽、突然，以让对手防不胜防等，这些都需要运动员有良好的灵敏、协调、力量、速度、柔韧和耐力等素质作为保障。

虽然我国对击剑运动的科学研究在项目训练规律和指导思想的认识上取得了很大的进展，但是仍存在很多方面的不足。目前没有关于击剑运动员灵敏素质和快速力量素质特征及训练方法的全面系统的研究，其中灵敏素质与快速力量间具有怎样的关联，相关程度如何，都未见相关报道。

2011 年 7 月至 2012 年 6 月，笔者有幸担任了中国男子花剑队体能教练。期间，笔者向中国男子花剑队 10 名运动员发放问卷，调查结果表明：运动员认为最重要、最需要却仍未得到解决的体能方面的问题，居首位的是灵敏素质，第二是力量素质。由此可见，无论从项目特点还是自身需求上看，中国男子花剑队运动员的灵敏素质和快速力量素质，都是在专项中最重要且最需要提升的因素。

本研究着重对男子花剑运动员灵敏和快速力量特征进行全面分析，系统地提出在灵敏和快速力量的特征和运动训练中具体的训练方法，并将灵敏与快速力量进行相关性分析，得出灵敏与快速力量两者间的关系。研究结果有助于教练员与运动员进一步深刻理解灵敏和快速力量在训练比赛中的应用，更好地指导教练员进行灵敏和快速力量训练，安排灵敏与快速力量训练的负荷等。本研究旨在为击剑运动员，尤其为男子花剑运动员的训练和比赛提供有针对性的理论基础和操作方法，提高男子花剑运动员的竞技能力，为总结伦敦奥运会经验以及今后备战各种重大赛事提供指导和依据。

目　录

1 国内外研究现状

1.1 国内外对灵敏的研究

《运动训练学》中对灵敏的定义是："在各种突然变换的条件下，运动员能够迅速、准确、协调地改变身体运动的空间位置和运动方向，以适应变化着的外环境的能力。"灵敏素质是指在各种条件下，精确而协调地完成复杂动作的能力，亦指快速的应变能力。它是速度、力量和柔韧等各种身体素质在特定条件下的综合反映，因而是一项内容复杂的身体素质。

大多数研究者认为，灵敏是人的运动技能、神经反应和各种身体素质的综合表现。高原指出，灵敏主要是由速度（包括反应速度和动作速度）以及随机应变能力构成，其中反应速度和随机应变能力是知觉及决策因素的重要组成部分。不少国外研究者提出，灵敏是指快速变化方向的能力，或者是快速使全身或下肢改变方向的能力。

Young 等在其研究中提出，灵敏主要包括两个成分：感觉—运动决策能力和方向转换速度。前者包括场景熟悉程度、视觉搜索策略、认知模式和预测能力；后者包括专项技术、直线冲刺速度、腿部肌肉力量和形态学指标。腿部肌肉力量又包括超等长收缩力量、向心收缩力量和左右侧肌肉力量平衡。（图 1）

Young 等指出，灵敏中的方向转换速度是许多不需要对外界刺激做出应答反应的身体素质，也是灵敏与协调的区别表现之一，从身体素质的角度讲，灵敏是协调的更高级体现。Pandorf 等人把有计划安排的运动称为灵敏为主的运动，如各种设置障碍的训练，但也有人把预设的训练安排成协调性训练。更多的运动项目则需要及时对外界各种信号或刺激给出适时的应答反应，比如一些开放对抗性的运动项目，如排球、羽毛球等。

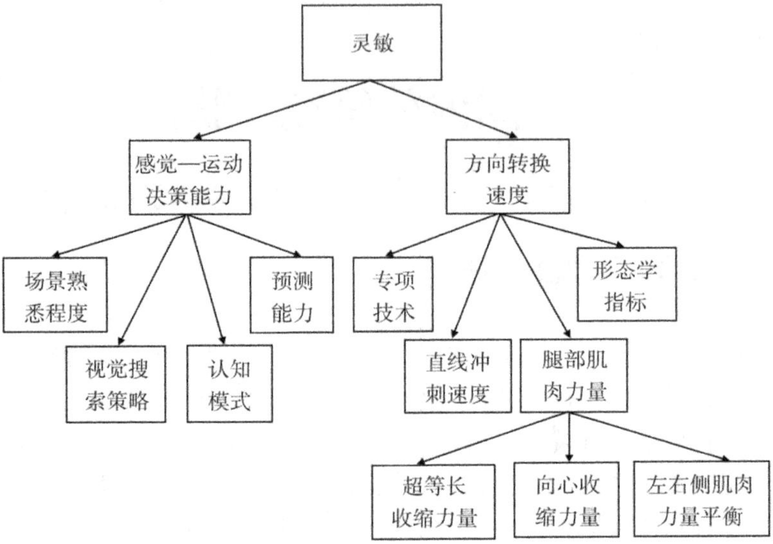

图 1　灵敏成分

Sheppard 和 Young 在其研究中提出，灵敏主要是"对外界的刺激做出迅速的反应，进行全身的快速变速和变向运动"，同时还指出，对于灵敏定义的各种不同解释，也源于研究者对运动项目观察的角度以及研究者本身的研究背景和专业各有不同。苏联的马特维耶夫和美国的詹森都认为灵敏是多种素质的结合，尤其强调协调的重要性，协调是灵敏的重要组成成分；同时指出，灵敏是集力量、速度和反应为一体的综合素质，为了掌握新的动作，灵敏是运动员不可或缺的素质，是每个项目的运动员都应该具备的。Craig 特别强调平衡和速度的作用，提出灵敏是在不损失速度的前提下保持和控制身体的平衡同时又能快速变向的能力。松田岩男认为，灵敏能让运动员迅速做出反应，迅速而有效地起动并向正确的方向移动，做好变向准备或迅速停止，并以快速、流畅、有效、可重复的方式执行动作。Mark 认为，灵敏一般有以下几类：全身水平地改变方向，例如做假动作或躲避；全身垂直地改变方向，例如跳远和跳高；在运动中能够控制身体各部分实施的快速动作，如打网球、壁球和冰球。运动员缺乏灵敏就像电脑缺乏软件一样会变得没有效率，虽具有很大的潜能，但是无法将其发挥出来。

对灵敏的分类研究也有不同的研究结果。灵敏强调减速能力及随之而来的减速—加速耦合过程，可以用不同的速度来完成运动反向的改变和运动速度的改变。多数研究学者根据运动员表现出的灵敏性与专项的关系，把灵敏性分为一般灵敏性和专项灵敏性。根据运动（水平运动、垂直运动、两点运动、四点运动）的次数和运动方式的组合不同，灵敏性可以分为闭合性（或预知性）灵敏性和开放性（随机性）灵敏性。在预先设计好的动作中表现出来的灵敏性叫“闭合性灵敏性”，如T形跑、六边形跳等；在随机运动中表现出来的灵敏性叫“开放式灵敏性”。灵敏素质要求运动员必须具备良好的判断能力和反应速度，以及能随机做出在空间、时间、用力特征上相互吻合和协调的对外界刺激的应答动作，具体含义包括：在运动中迅速改变身体位置和方向的能力，即动作速度；快速转换的能力，即动作与动作之间的转换速度。

从以上的文献定义可以看出，灵敏主要是多种素质因素的统一体，包括认知、反应、力量、协调、速度、平衡等。对于灵敏的定义以及各类分析，在运动训练科学界也没有一个完全统一的标准。综合以上分析，灵敏的定义应该包括以下几部分：对外界刺激的反应；多种身体素质，如力量、速度、协调、平衡、柔韧等能力的统一；动作能力表现为能协调准确地快速变速和变向过程。根据以上灵敏分类的分析，灵敏素质可分为一般型和专项型、闭合性和开放性。这些分类不是相互排斥的，在实践中它们相互关联。

一般型灵敏素质训练的目标在于发展运动员的基础协调能力，而专项型灵敏素质训练的目标在于将它们技术性地连结在一起。在灵敏运动技能学习中，专项型练习的基础包括运动感知、信息加工、连贯效应、保存和转化。闭合性灵敏素质训练有规定好的计划、可预知和稳定的环境，运动员可以决定什么时候、在哪里和如何开始动作，而目标在于优化动作模式达到稳定的动作表现。开放性灵敏素质训练没有设计好的程序，有着不可预知和不稳定的环境，训练的目的在于对新的不可预见的刺激和情况做出快速反应。不可预知任务的结构不定（比如开放场地内团队做的躲闪游戏），感知技术和回馈反应在这里比预定的移动发挥更重要的作用。一些任务适合在半预知的环境中进行（比如虽然计划或环境是变量，但可以在一定范围内通过经验和练习在一定程度上预知）。

1.2 国内击剑运动灵敏相关研究

俞继英认为，灵敏在击剑运动中起着非常重要的作用，在比赛中运动员的技战术与身体对外界的刺激反应紧密配合，及时做出准确和迅速的反应，同时击剑运动员在比赛过程中对时空的把握、对外界环境的控制、在爆发力和节奏等方面的表现都是灵敏的体现。击剑运动员在实战过程中，都是以弓步进行前后移动进攻和防守的，因此击剑运动员需要有好的灵敏、力量、柔韧、速度和协调能力。

王骑兵提出，击剑运动员要眼疾手快，在各种外界变化的刺激下，能够快速、灵敏、有效地改变身体运动的方向。这需要培养运动员改变身体动作、技战术思维、反应和全身的协调配合及应对临场突发情况的能力。

孙良勇的研究提出，击剑运动具有瞬息万变的特点，需要运动员在外界刺激变化的情况下，快速、准确且有效地做出不同的应对措施，攻防结合，以及利用突然起动、急停、加速和改变方向的各种步法来调整距离，创造或捕捉攻防时机等。这就要求运动员在完成动作时，相关部位要高度协调，并在时间、空间、节奏及用力等方面互相配合，达到动作在精确性、合理性基础上的忽然性。由此可见灵敏素质的重要性，在训练中培养和提高运动员的灵敏素质相当重要。

张双喜在研究击剑运动员体能结构时指出，击剑运动员的专项能力侧重多项身体素质，但灵敏是所有身体素质能力中非常重要的因素。贝恩渤等指出，击剑训练中的体能占有重要地位，速度是灵魂，力量是基础，灵敏是核心。

1.3 国内外对快速力量的研究

国内外对快速力量的研究很多，很多文献资料都表明，快速力量即速度力量，是人体尽最快速度发挥最大力量的能力。快速力量是很多不同类型项目中所需要的重要能力，也是决定运动成绩好坏的重要指标。多数研究都指出，快速力量的大小取决于肌肉的收缩力量和收缩速度。也有研究表明，快速力量大小评定由肌肉的收缩速度和最大力量决定。

同时，快速力量也有不同的分类方式。

20 世纪英国生理学家希尔提出了希尔方程，反应人体肌肉收缩力量与收缩速度的关系：肌肉输出功率 = 肌肉收缩力量 / 肌肉收缩速度（图 2）。刘北湘等人研究探讨快速力量与最大力量训练的方法，并用实验证明，负荷量的逐步增加使快速力量存在极高点，而且可能存在两个极高点，并且通过有针对性配合极高点的训练后，快速力量会有很大的提高（图 3）。万德光等指出，决定快速力量大小的因素包括负荷和采用负荷的速度，而负荷能力又与个体肌肉类型及其发挥的效率有关，并强调最大力量在快速力量中的重要决定作用。陈火木也强调运动员最大力量是快速力量的决定因素，强调运动员参与运动的肌肉和神经增多，相应调动机体的兴奋性和灵活性增多，有助于快速加速和促进肌群间的

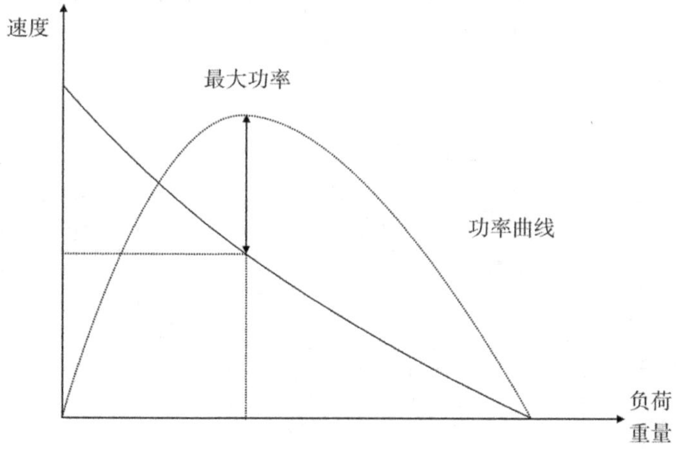

图 2　肌肉收缩速度、肌肉输出功率与肌肉收缩力量关系示意图

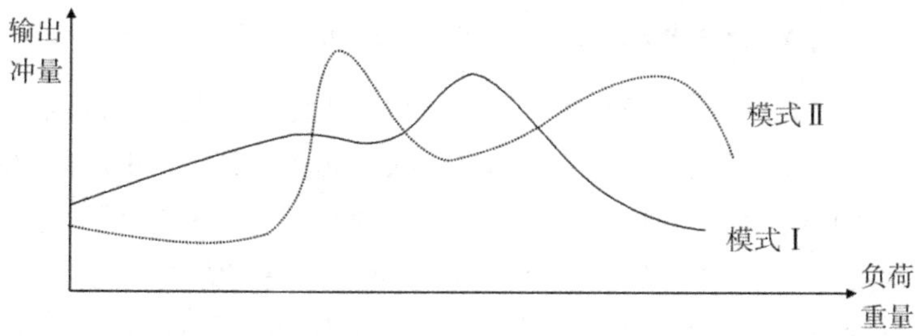

图 3　输出冲量随负荷重量的变化情况图

协调。另外，不少研究者认为，除神经中枢、肌肉类型、肌肉最大力量以及负荷下的运动速度等因素影响快速力量外，人体的供能系统对机体快速力量的大小也有一定程度的影响。

同灵敏的研究一样，快速力量也没有完全统一的定义。从训练学角度讲，快速力量是运动员在完成动作过程中，神经肌肉系统以尽快的速度发挥出尽可能高的力量的能力。快速力量通常以快速力量指数来表示（F_{max}/T_{max}）。Sehlnidtbleieher 和 Buhrle 指出，快速力量包括起动力量和爆发力。他们认为，起动力量是机体用力开始后 30 毫秒时所达到的力值能力，即机体在短时间内尽可能达到的最高力量的能力。关于爆发力，国际上也没有一个公认统一的定义，东欧许多研究人员将爆发力与快速力量对等起来，即机体短时间达到最大力量的能力。Sehlnidtbleicher 和 Buhrle 认为，爆发力是指肌肉已经开始出现张力后再以最快的速度进一步提升肌肉力量的能力。快速力量功效的条件结构见图 4。

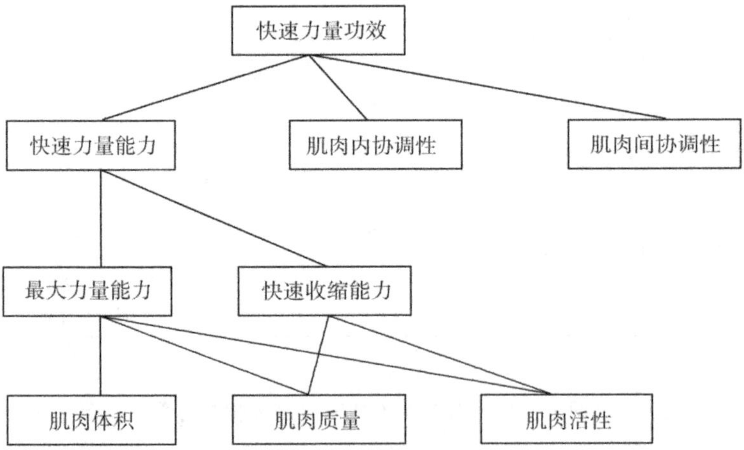

图 4　快速力量功效的条件结构（Buhlre 1993，1995）

不少研究都表明，可用 F–T 曲线来描述快速力量。Werschoshanskij 和 Adam（1970），Sehlnidtbleicher 和 Buehrle（1980）以及 Viitasalo、hakkinen 和 Komi（1981）等人均指出，可通过 F–T 曲线分析快速力量。通过爆发式力量收缩所测出的 F–T 曲线来反映运动员的快速力量的方法在国际上已基本得到承认。王清认为，尽管在国际上快速力量还未形成一个比较公认的定义，但有一点是得到公认的，即可用先进的测量方法，定量地反映和评定运动员的快速力量。

1.4 国内击剑运动快速力量相关研究

俞继英认为，击剑运动虽不是以力量取胜的项目，但力量却起着非常重要的作用，主要表现在力量与技战术的紧密结合上。击剑运动员在持续比赛期间，肌肉工作方式既有动力性，也有静力性。米卫国、许以诚、金赟等人指出，花剑比赛中用到的力量主要是快速力量，击剑比赛中手臂、手腕的刺剑力量，腿部和脚的蹬伸力量，都是快速力量的表现形式。王骑兵在《对击剑专项体能分析》一文中指出，运动员在比赛中对器械的控制、攻防、快速的出和回收弓步、迅速转换身体姿势等这一系列动作，都需要运动员良好的快速力量来支持和实现。王强军对我国优秀男子击剑运动员的力量素质特征进行了研究，他认为，击剑运动员需要很好的快速力量能力，这是制胜的关键。快速力量中的爆发力至关重要，同时起动力量和制动力量也起到了关键作用。孙赫男在研究中提出，我国优秀女子佩剑运动员专项身体素质水平主要受爆发式起动素质因子、速度灵敏素质因子、协调性因子和核心力量素质因子等四个主要因子的影响。赵芳在研究中提出，动作速度因子、灵敏因子、耐力因子是我国女子击剑运动员专项体能评价中的主要因子，其重要程度排序为：动作速度因子→灵敏因子→耐力因子。

孙良勇在《潜优势项目体能训练体系的研究与建立——击剑项目》课题报告中提到，击剑项目是手持剑进行攻防的运动，需要一定的握力、臂力，同时脚步移动也需要下肢力量和腰腹力量，选材中要特别注意选最短时间发挥肌肉能力的快速力量好者。杜智山、杨时通过为期 1 年对上海女子重剑运动员力量训练的跟踪研究，总结出击剑运动项目力量训练规律。击剑运动员最具影响的专项力量能力应该是“速度力量”，速度力量为击剑运动员力量素质系统的核心；其他运动能力，诸如速度、灵敏、协调等是素质训练的基础，核心部位力量的训练在训练负荷中占重要比例。

霍炬认为，击剑是以速度、机智和自控为特点的项目，运动员在快速的节奏中，还要具有保持剑的准确性与快速应变的能力，而“快、准、狠、变”的比赛风格是一个优秀运动员战胜对手取得胜利的关键所在。徐佩珍、赵刚的研究表明，高水平的击剑比赛，体能占据重要地位，体能身体素质中，力量尤其是快速力量在技战术发挥中起着重要作用，在技能主导的击剑项目里没有技战术就没有取胜的可能，而技战术必须有良好的体能做保障，快速力量是击剑项目所需要的主要身体素质之一。所以，击剑运动员的体能训练中，快速力量的训练越来越受到重视。褚伟提出，击剑运动的体能训练是击剑运动的基础，不同专项、不同运动员、不同时期采用的训练方法是不同的，这就要求采用个性化的训练方案。他认为击剑运动员的力量、速度、耐力、灵敏、柔韧五项身体素质和运动员体能有着不可分割的关系，必须结合这五项素质进行体能训练。教练员必须根据运动员个体的形态、机能和身体素质的不同特点制订科学的训练计划。

刘浩在《我国击剑运动科学研究现状分析》中发现：1986—2005 年发表的有关击剑体能类的文章共有 9 篇，平均每年还不到 0.5 篇，占与击剑相关的总文章数的 4%，是击剑研究中比较薄弱的一个方面。

从研究内容的分布上看，我国击剑科研论文中有关技战术、运动训练和心理的内容占主导地位，分别占 27.8%、18.3% 和 16.1%，而对于综合理论、体能研究、选材、青少年训练、规则裁判、生理生化、运动医学的研究内容所占比例较低。目前仍没有对击剑运动中灵敏和快速力量的关系及其训练方法的系统研究。

1.5 国外击剑体能研究现状

在对国外相关研究文献进行整理时发现，有关高水平击剑运动员的研究并不是很普遍。从相关的研究来看，有关高水平击剑运动员体能训练方面的研究仍比较缺失。

John Croin 等（2003）对优秀击剑运动员的进攻与防守时的弓步力量进行了研究，比较系统地分析了不同运动员的弓步力量特点，通过设计严格的测试，研究不同运动员弓步的效果。

Giulio S. Roi 和 Diana Bianchedi（2008）从击剑项目的特点、对身体能力的需求等角度对击剑运动损伤预防进行了较为详细的研究，但对如何预防运动损伤进行有针对性的训练并没有阐明。

Guillaume Herpin 等（2010）通过 6 种不同的测试分析击剑运动员的

平衡能力，并与射击运动员进行对比。在睁眼和闭眼的情况下，击剑运动员的平衡能力要低于射击运动员。但在闭眼的情况下，并且在一个不稳定的平台上时，击剑运动员的平衡能力要高于射击运动员。平衡能力和灵敏能力是密切相关的。

John S.Y. Chan 等对击剑运动员的运动行为习惯进行了研究。Williams, L.R.T 等（2000）对击剑运动员的运动反应时和普通人进行了对比，得出击剑运动员的反应时与普通人相比有显著性差异。Francesco Di Russo 等（2006）对击剑运动员接受外界刺激大脑神经反应时进行了研究。从这些研究可以看出，击剑运动能有效地提高机体的反应能力和灵敏性。

Tsolakis Charilaos 等对 10 名优秀的男子击剑运动员和 10 名优秀的女子击剑运动员在训练前或赛前进行了静力和动力性柔韧训练，通过对训练前和赛前进行柔韧训练和不进行柔韧训练的反应力和爆发力的测试，所得结果表明，训练前和赛前进行静力或动力性柔韧训练对力量能力没有影响。

国外关于击剑体能训练方面的文章较少，对击剑运动员的心理以及运动损伤方面的研究较为集中，尤其与花剑运动灵敏和快速力量相关的研究文章目前仍未查询到。

1.6 国内外对训练负荷的研究

1.6.1 训练负荷的概念研究

训练负荷是竞技体育训练中的重要因素。1977 年马特维耶夫在《竞技训练负荷》中将负荷定义为：在安静或者其他初始状态下，练习对机体产生的追加功能活性以及在这种情况下克服困难的程度。我国学者过家兴等在 1986 年指出，训练负荷是以身体练习为基本手段，对运动员有机体施加的训练刺激。德国训练学专家哈雷在其《训练学》一书中描述道：竞技能力主要通过运动训练刺激来提高，如果这种刺激能够产生训练效果，即能够发展、巩固或保持训练状态，那么这种刺激就叫作训练负荷。我国学者胡亦海，于 2005 年在《竞技运动训练理论与方法》一书中指出，训练负荷是指人体运动过程中所承受的负载。上述学者对负荷的认识还存在着一定的争议，但他们一致认为运动训练负荷是一种通过运动训练对机体所产生的刺激。

1.6.2 运动训练负荷的构成要素

运动训练负荷可以分为外在负荷和内在负荷。外在负荷主要是指在训练过程中所实施的训练量、训练强度以及训练的节奏；内在负荷是机体接受外在负荷刺激之后，对其做出的反应，主要表现在生理和心理的水平上。

Wenger 等认为，在竞技体育中，训练负荷或者刺激可以描述成训练强度、训练量和训练节奏的结合。我国学者延峰认为，定性部分主要包括训练负荷的专项性、对供能系统的作用方向和动作的复杂程度，定量部分则主要包括负荷量和负荷强度。Bompa 指出，训练的要素包括负荷量、负荷强度，还提到了训练密度、训练动作的复杂性等。2005 年陈小平教授在《当代运动训练热点问题研究——理论与实践亟待解决的问题》中指出，训练负荷是由训练难度、训练密度、训练频率、训练时间、训练强度和训练量构成的。（图 5）

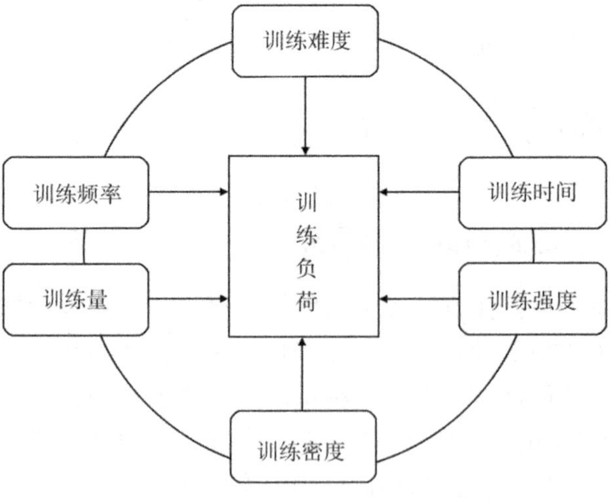

图 5 训练负荷要素

目前，外在负荷的构成要素还存在着争议，但是被众多学者普遍接受的两个要素是训练量和训练强度。训练量主要指训练对机体刺激量的大小，训练强度反应训练对机体刺激的深度。2004 年，徐本力的研究指出，

“负荷量”是指在持续、连贯的身体活动时间内，运动员机体在承受一定外部刺激总量时，所表现的内部负荷的程度。训练负荷强度和训练负荷量对机体刺激所引起的反应是不同的。

1.6.3 传统周期理论的提出及核心内容

周期理论是对运动训练负荷安排最具影响力的理论之一，并广泛应用于训练计划的制订和实施。周期理论是马特维耶夫于1964年正式提出的。

周期理论是根据人体竞技状态具有周期阶段性形成的规律，即运动员竞技状态的形成需经过“获得”“保持”和“消失”阶段，把运动训练过程分为准备期、比赛期和过渡期3个时期，并通过对“一般与专项训练”和“负荷量与强度”宏观定位，以及它们之间简单的负相关对应的关系来体现不同训练时期的特点，来控制运动员的竞技状态，使之在预定的时间内达到最佳水平。（图6）

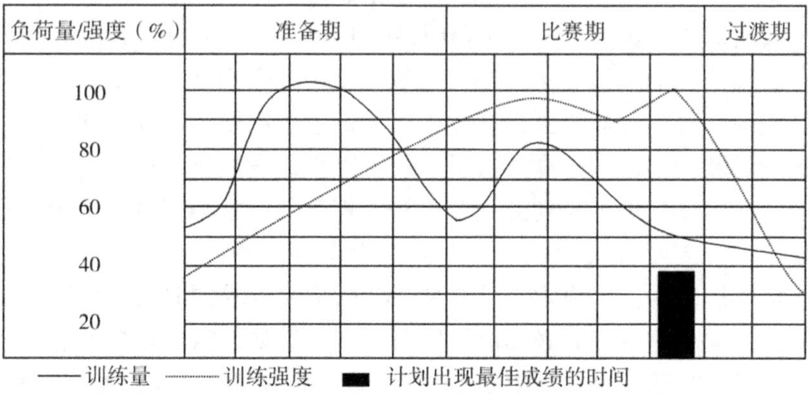

图6 马特维耶夫周期理论年训练周期比例示意图（根据 Lewin，1974）

1.6.4 周期理论遭到质疑，板块理论的提出

马特维耶夫传统周期理论主要来源于对教练员训练计划的总结和分析，缺乏运动生理生化等基础理论的支持。所以，随着人们对生理生化知识认识的深入，传统周期理论遭到了众多专家学者的质疑。

同时，随着比赛不断地向职业化、商业化发展，当今比赛活动至少呈现以下几个特点。首先，在过去的二十年内，国内和国际比赛的数量都呈现增加的趋势。国际体育组织发起并支持一些大满贯赛、世界杯赛、洲际杯赛等赛事。与此同时，优秀运动员的参赛数量也大幅度增加。其次，以赛带练成为趋势。频繁地参赛打破了原有的训练体系，也改变了训练与恢复的关系。高水平的教练员通过增加参赛次数来提高运动员训练的强度。最后，总负荷量减少。目前高水平运动员的比赛特点日益显著，显然，传统周期理论已不能满足目前赛事数量快速发展以及运动员训练时间大量缩短引发的训练总负荷量减少的现状。在这样的情况下，新的周期理论应运而生，维尔霍山斯基对马特维耶夫的传统周期理论进行了深入的研究，最终提出了“板块训练”理论。

1.6.5 板块周期理论的特点

传统周期理论和板块周期理论的生理学机制差异颇大。传统周期理论强调同时安排多种训练负荷可以刺激多种能力，板块周期理论则认为有序安排的高度集中的负荷可以实现余波训练效应的叠加。

板块训练的优点：①总负荷量的大幅度减小，降低了过度训练的风险；②多峰值的训练安排允许运动员在整个赛季内多次参加比赛，并取得好成绩；③训练监控更为有效，因为每个中周期内需要评估的目标能力的数量减少了；④饮食和恢复计划可以根据发展目标进行合理调整；⑤多峰值的年度训练计划为主要比赛实现最佳竞技状态创造更为有利的条件。

板块训练的主要原则：①高度集中的训练要求同时发展的能力要尽可能少，并且这些能力必须能够同时发展；②如果需要发展的能力种类多于可以同时发展的能力种类时，那么就只能有序安排这些能力的发展；③中周期板块应该专门安排和设计，达到以下三种效果中的一种，即积累（积累基础身体和技术能力）、转换（将基础能力转换为专项能力）和实现（为比赛做好准备，并在比赛中实现预定目标）；④训练手段的选择更加趋于专项运动技术的特点。

以上研究为中国男子花剑队全年奥运集训的负荷安排提供了依据，从目前击剑运动员参赛及训练特点上看，高水平击剑运动员的训练内容及训练负荷的安排适合采用板块周期理论。

1.7 问题的提出

通过对以上文献的分析，本研究针对研究现状提出以下几个方面的问题：①关于男子花剑项目的研究明显不足，我国击剑项目研究论文中技战术研究居多，而对于花剑综合理论、体能训练的方法指导性的研究比例较低；②男子击剑体能训练研究有几篇关于力量的探讨，提出了相关力量训练的方法，但未能对击剑项目快速力量的不同表现形式或特征进行深入研究，缺乏对击剑项目力量训练，尤其是对快速力量训练的深层次认识；③对于击剑运动员灵敏素质的全面系统的研究，目前尚属空白，我国对该项目的灵敏的特点、训练方法和体系的研究较为薄弱，对发展灵敏的方法手段的研究明显不足；④击剑项目灵敏素质和快速力量训练手段和负荷模式单一，教练员在一定程度上缺乏对这两种素质训练手段的全面认识，功能性力量训练在快速力量训练中的作用没有得到应有的重视。

击剑项目是奥运会的潜优势项目，男子花剑又是重点，从伦敦奥运会我国男子花剑取得的突破成绩来看，对该项目从体能实践和理论上进行全面研究显得尤为重要，针对当前对男子花剑项目的体能中关键素质的认识和训练，总结经验，弥补不足，加大对该项目的研究力度是必然的。本论文正是基于以上考虑，以男子花剑运动员身体素质中的灵敏和快速力量为研究视角，对这两项素质进行系统研究，力求实现突破性进展。

1.8 研究目的及意义

1.8.1 研究目的

本研究的目的为揭示我国高水平男子花剑运动员体能能力中灵敏和快速力量的特征，为其提供具体有效的训练方法。研究结果有助于教练员与队员进一步理解灵敏和快速力量在训练比赛中的应用，更好地指导花剑教练员进行灵敏和快速力量训练，在训练中安排灵敏与快速力量训练的负荷等。研究结果为击剑，尤其为男子花剑运动员的训练和比赛提供针对性的理论基础和操作方法，为提高男子花剑运动员的竞技能力起到促进作用，为男子花剑运动员在奥运会取得更大的辉煌以及备战今后的各种重大赛事提供指导依据，同时也为我国其他项目建立运动员灵敏和快速力量训练理论体系开启思路，提供参考与借鉴。

1.8.2 研究意义

（1）制订指导我国高水平男子花剑运动员灵敏训练的实操性方法。研究花剑运动灵敏素质特征，并结合国家男子花剑运动员灵敏试验和测试结果的分析，建立我国高水平男子花剑运动员的灵敏训练方法体系，使教练员有针对性地加强击剑运动灵敏素质训练，提高击剑训练整体效率和比赛水平。

（2）为我国高水平男子花剑运动员提供提高快速力量的有效训练方法。研究我国男子花剑运动员快速力量能力和特征，通过对快速力量的测试进行分析，提出花剑快速力量训练方法，直接为运动员的训练实践提供服务。

（3）击剑项目是奥运会的潜优势项目，男子花剑又是重点，因此全面研究和分析我国男子花剑项目灵敏素质和快速力量发展的情况，确立体能训练中灵敏素质与快速力量能力突破的方法，从而提高我国该项目运动员的国际竞争力，具有重要的理论和实践意义。

1.9 研究的难点与创新点

1.9.1 研究的难点

（1）本研究需要对中国国家队优秀男子花剑运动员进行测试，可能存在样本的选取问题，尤其是与训练计划的协调问题。本研究试图在不改变运动员训练计划的前提下，与教练员协同完成这一任务。

（2）本研究是以运动员灵敏与快速力量为切入点，就其能力进行影响因素的探讨，如遗传和神经类型等方面，相关的影响因素较多，如何确立影响因素和影响程度存在一定的问题，这是本研究的难点。

（3）关于灵敏和快速力量素质测试的选择和实验实施也是本研究的难点所在。

1.9.2 研究的创新点

（1）从以往的诸多研究来看，男子花剑灵敏和快速力量训练的系统性跟踪研究略显贫乏，核心身体素质之间的系统研究更为短缺，为此，本研究在研究内容上具有一定的创新性。

（2）以往人们对某一项目身体素质训练的研究主要停留在指标的选取和标准的制定上，而未能够对相应的指标进行深层次挖掘。本研究将从实证的角度总结男子花剑灵敏和快速力量训练的特点，进一步建立训练体系，并结合个案分析，就其灵敏和快速力量训练的突破点进行研究，这是在内容与思路上的创新之处。

（3）本研究提炼出男子花剑运动员灵敏与快速力量的相关性，并系统地提出灵敏和快速力量的特征和训练方法体系，为男子花剑运动员训练直接提供可操作的训练理论和方法，为教练员今后的训练安排提供针对性的指导，填补花剑项目在此方面研究的空白。

2 研究对象与研究方法

2.1 研究对象

本文以备战 2012 年伦敦奥运会的中国男子花剑队集训队员为研究对象和实验对象。备战 2012 年伦敦奥运会的中国男子花剑运动员 10 人，其中国际健将级运动员 5 人，健将级运动员 5 人。

实验对象的基本情况见表 1。

表 1　实验对象的基本情况统计表

性别	人数（人）	年龄（岁）	身高(厘米）	体重（千克）	训练年限（年）
男	10	25.00 ± 3.92	185.10 ± 5.36	77.00 ± 8.65	11.90 ± 4.36

2.2 研究方法

2.2.1 文献资料法

本研究在国内外的网站上共查阅相关的研究文献百余篇，将文献进行收集、整理和分类，为本研究获得了丰富的参考性资料。

2.2.2 专家调查法

本研究在整理相关文献的基础上，确立男子花剑运动员的灵敏及快速力量素质测试的基本要求，就相关测试指标进行专家调查，主要由备战 2012 年伦敦奥运会的教练员和体能训练专家进行打分，以问卷调查的形式完成指标的二次筛选。专家调查名单见表 2。

2.2.3 测试法

本研究对国家队男子花剑项目运动员的灵敏和快速力量进行测试，

在确立突破点的基础上，从量化的角度对运动员的两项身体素质的代表性指标进行测试，监控测试方法和测试过程，严格完成该项目运动员灵敏和快速力量训练方法体系。

表2 专家调查名单

序号	姓名	职称	单位
1	王海滨	国家级	国家队男花教练
2	董兆致	中级	国家队男花助理教练
3	褚伟	国家级	国家队女花教练
4	吴汉雄	中级	国家队女花助理教练
5	王骑兵	国家级	国家队男重教练
6	赵立中	国家级	国家队男重助理教练
7	许学宁	国家级	国家队女重教练
8	李明	高级	国家队女重助理教练
9	张毅	高级	国家队男佩教练
10	马文波	高级	国家队男佩助理教练
11	茅祎勋	国家级	国家队女佩教练
12	赵春生	中级	国家队女佩助理教练
13	王卫星	教授	国家队体能教练
14	张英波	教授	国家队体能教练
15	周龙峰	中级	国家队体能教练
16	田麦久	教授	运动训练学专家

2.2.3.1 测试指标

对教练员和体能专家的调查问卷进行统计分析，得出我国优秀男子花剑运动员灵敏和快速力量测试指标，并在集训期间对运动员身体的相关能力做针对性的测试。

2.2.3.2 测试时间和地点

测试于2011年7月至2012年4月在国家老山击剑训练基地完成。

2.2.3.3 测试方案

灵敏和快速力量测试开始前一天，让被测运动员熟悉测试方案，并进行一次完整的预测试，通过预测试将测试中的学习效果降到最小。在进行正式测试前 48 小时，不安排比赛和大强度的训练，将疲劳对测试成绩的影响降到最低。正式测试开始前进行 30 分钟热身。进行 3 轮测试，每轮测试后休息 2 分钟，取最好一次成绩记录。所有测试均在 1 天内完成。

2.2.3.4　测试方法

测试方法见附录。

2.2.4　个案研究法

确立该项目的重点运动员：运动员雷声，身高 1.93 米，体重 78 公斤，国际健将，训练年限 18 年。不同的运动员之间存在一些差异，各有特点。为此，本研究将对重点运动员进行个案诊断，通过观摩、测试等手段，找出其灵敏和快速力量的特点及薄弱环节，从而提出针对性的训练方法。

2.2.5　问卷调查法

根据研究需要和调查问卷设计的原则，本研究设计了运动员调查问卷，问卷发放两次，采用现场发放、当场回收的形式。第一次和第二次的发放时间分别为 2011 年 7 月和 2012 年 4 月，发放运动员 10 人，回收率 100%，有效问卷 10 份，有效率 100%。为了检验问卷的可信度，随机抽取 7 人，隔两周后进行再次填写，计算两次问卷填写的相关系数 $r=0.92$（$P<0.01$），说明问卷调查结果可信度高。问卷效度检验采用对问卷内容和结构进行定性评价的方法，在填写问卷的运动员中，有 90% 的人认为问卷的内容合理或比较合理，90% 的人认为问卷的结构合理或比较合理。

2.2.6　数理统计法

本研究将调查与测试所得数据运用 Excel 2012 建立数据库。根据研究需求，将所有数据在 SPSS19.0 统计软件中进行统计学分析处理。

2.3　主要测试设备

2.3.1　Optojump 光学检测系统

Optojump 是一套光学检测系统，它能在精确度达千分之一秒的情况下，测试一系列跳跃动作中的腾空和着地时间，以这些数据为基础，使用特殊软件，即可得到在最高精确度下与运动员体能有关的数据。本研究主要用Optojump光学检测系统测试中国男子花剑运动员的视觉反应时。（图7）

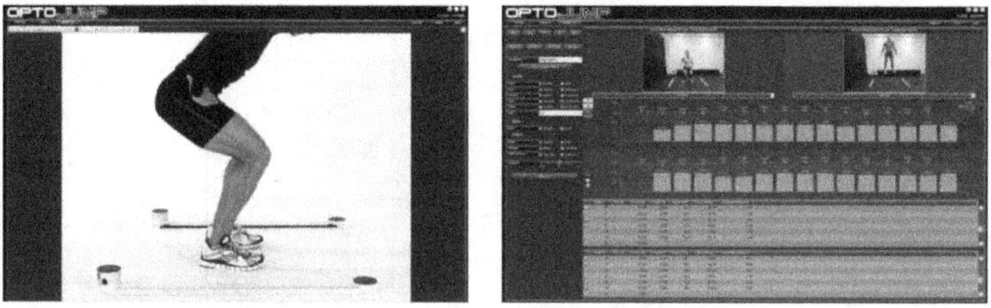

图7 Optojump光学检测系统

2.3.2 芬兰Mega型号ME6000-T8表面肌电测试仪

测试中国男子花剑运动员比赛中实战动作的用力肌肉和顺序，诊断、分析运动员运动时该肌肉群的收缩状态、做功顺序等，进一步分析该项目运动员灵敏与快速力量的特点，使这两项身体素质训练更好地为专项服务。（图8）

2.3.3 实时心率测试带

测试中国男子花剑运动员训练与实战中的实时心率，将两者心率曲线进行对比，力求训练与实战心率基本一致。（图9）

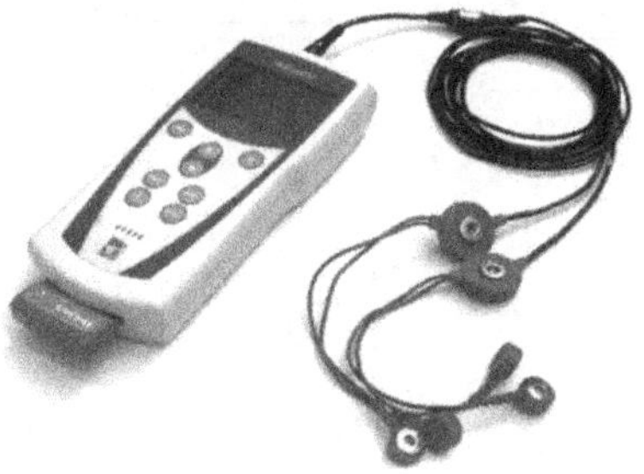

图8 ME6000-T8表面肌电测试仪

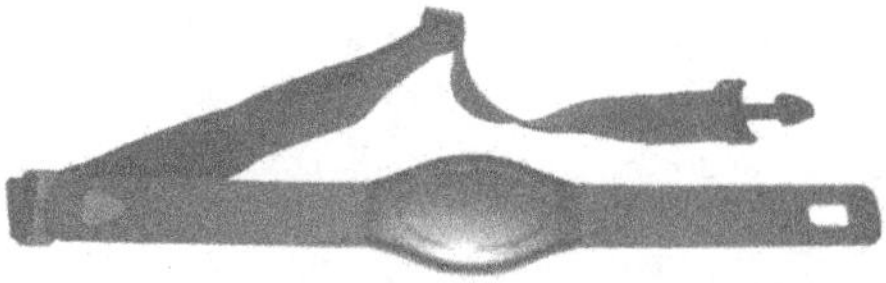

图9 实时心率测试带

2.4 研究思路

本课题研究思路如图 10 所示。

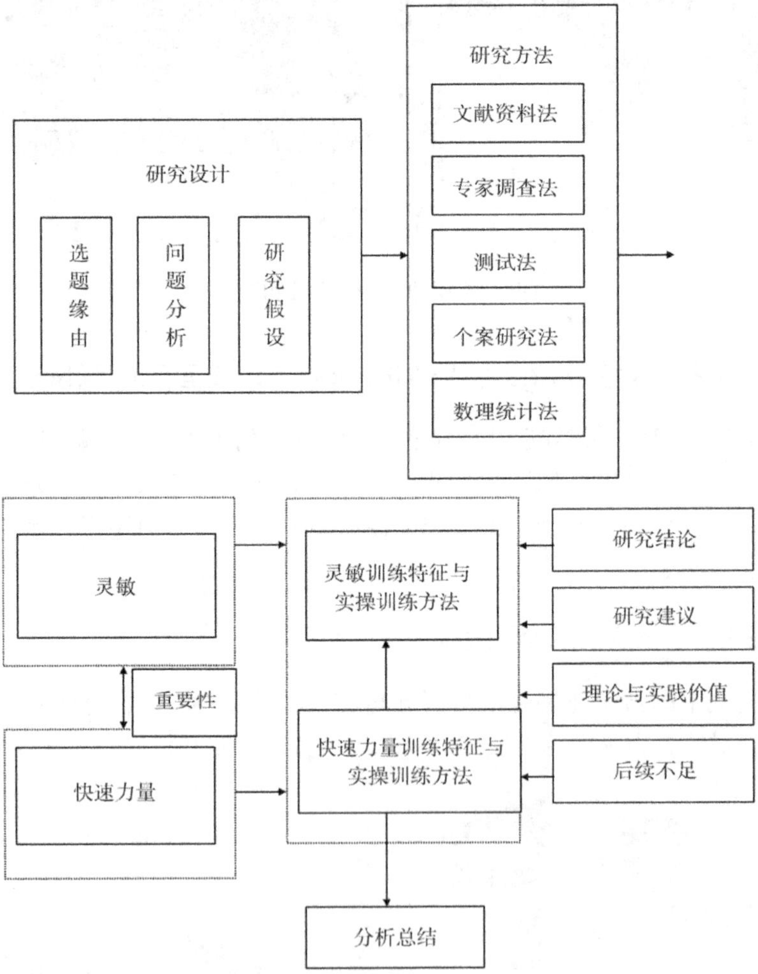

图 10　研究思路

3 结果与分析

3.1 花剑项目体能特征分析

从外在表现来看，花剑项目的终极目的是击中对手的有效部位，那么剑刺出手的速度力量就显得非常重要。若运动员在交锋过程中刺出的速度过快、力度过大，没有控制速度力量，如遇对手防守成功或者直接防守反击，这时运动员的重心就会失去平衡，回天无力。花剑运动员在需要进攻的时候能够快速上前，需要退回来的时候还要能快速后退。花剑运动员进攻时的移动速度，动作速度、幅度，上下肢在移动过程中的控制、稳定和平衡等，无不体现着体能中身体素质的作用。各素质在花剑项目中的具体表现分析如下。

3.1.1 灵敏在花剑项目中的核心作用

灵敏几乎是运动员所具备的所有运动能力的综合体现。（图 11）

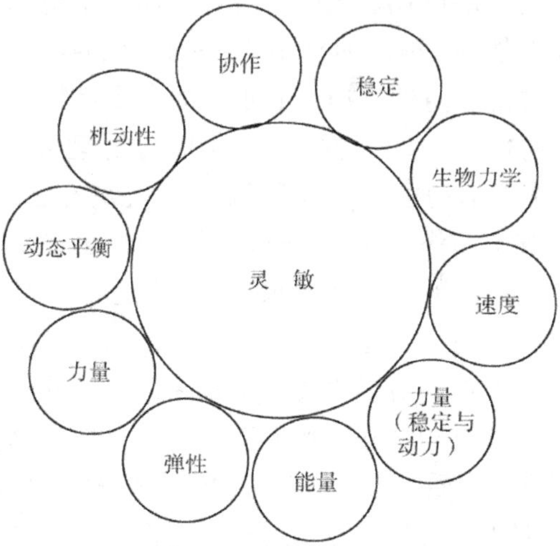

图 11 灵敏与体能的关系

灵敏之所以是各种身体素质的综合体现，是因为各运动专项的每一个灵敏动作都不同程度地表现出力量、速度、耐力、柔韧等身体素质。力量，特别是快速力量，控制身体的加速或减速；速度，控制身体的移动、躲闪、变换方向；柔韧，保证力量速度更顺畅地发挥；耐力，确保身体持久的工作。因此，快速的反应、及时准确的判断、适时的应答是灵敏的先决条件，综合素质的协同配合是完成应答动作的基础。离开其他素质和运动技能根本谈不上灵敏，而灵敏也只有通过娴熟的动作才能表现出来，单纯独立的灵敏是不存在的。

花剑运动员灵敏水平的高低一般由平衡、反应、速度、力量、协调、节奏等能力决定。平衡能力能够保持身体在静止或运动时重心稳定，花剑比赛中运动员前后移动时要求重心移动平稳，以减少运动员移动前或移动过程中的预兆，增加隐蔽性；反应能力和速度可以保障身体的快速移动能力和出剑时的快捷性，因为时机稍纵即逝；力量是保障肌肉或肌肉群克服阻力的能力，包括花剑运动员前后移动中克服自身惯性的用力，与对手交锋时的抗剑能力等；协调是保证身体各部位协调运动的能力；节奏使运动员在比赛中打得更有章法。因此，灵敏是花剑项目体能训练的核心要素。

3.1.2　协调能力在花剑项目中的核心作用

协调能力是指运动员在运动中，身体各器官系统、各运动部位配合一致，完成动作的能力。协调能力并非一种单纯的身体素质，它与运动员各器官系统的功能、身体素质、心理品质和个性特征以及技能储备等联系密切，是各种能力的综合表现。协调能力是运动技能的基础能力，是运动员形成与掌握运动技术的重要基础，它反映着运动员快速、准确、有效地完成各种难度动作，并符合特定训练目标的能力。协调能力不好的运动员很难达到较高的运动技术水平。花剑运动员的协调能力主要表现在手、脚的协调能力上，在击剑比赛中，运动员控制距离主要靠脚前后的移动来实现，而攻击对手主要靠手来完成。因此，手、脚的协调配合对于有效地完成进攻和防守动作非常重要。花剑运动员的协调能力是灵敏的基础，而灵敏素质是花剑运动员协调能力的最高表现。

很多研究把协调能力和灵敏素质对等起来，其实协调能力和灵敏素质还是存在本质区别的。（表 3）

表 3 协调能力与灵敏素质的主要区别

名称	定义	特征	作用	基础来源	表现方式	相互关系
协调能力	运动员在运动时，机体各器官系统、各运动部位配合一致，完成动作的能力	以“闭锁性”技能为主，动作连贯，持续时间较长	提高机体对各种动作的接受能力和分辨能力	神经系统的生理机制	调节自身动作，受外界影响小	是灵敏素质的基础
灵敏素质	在各种突然变换的条件下，运动员能迅速、准确、协调地改变身体运动的空间位置和运动方向，以适应变化着的外环境的能力	以“开放性”技能为主，动作变化突然，持续时间可长可短	提高机体对外界事物变化的动作应变能力	协调能力和心理机能	受外界信号影响，变换自身动作	是协调能力的最高表现

3.1.3 快速力量在花剑项目中的核心作用

花剑项目的力量表现形式主要是快速力量，要求运动员肌肉有快速收缩的能力。通过对花剑运动中肌肉工作方式的分析可知，运动员膝关节始终保持弯曲控制状态，这是静力性工作，但花剑项目在比赛中的主要动作是前后移动、剑的刺和挡等，这些都是动力性工作。由于花剑以刺中有效部位得分多者为胜，在比赛中，运动员快速的前移和后退等攻防转换是花剑运动获胜的关键，因此花剑运动中肌肉动力性工作能力在制胜中占主导地位。力量是运动的基本素质，是人体神经肌肉系统在工作时克服或对抗阻力的能力。从花剑比赛的表现形式来看，起动、急停、起跳、躲闪、维持平衡、改变动作姿态都需要肌肉力量的参与。运动员快速起动需要有良好的起动力量，急停时需要有良好的制动力量，起跳需要有良好的爆发力和反应力量，维持平衡需要关节周围小肌肉群的参与。花剑项目是手持剑进行攻防的运动，需要一定的握力、臂力，同时脚步移动也需要下肢力量和核心区力量，需要最短时间发挥肌肉能力的快速力量。花剑运动员的力量素质是及时做出应答动作的保障，如快速力量与花剑运动的加速或减速、运动员反应的快慢、判断的准确与否、临场应变和及时做出应答动作的能力息息相关。因此我们可以说，快速力量对花剑比赛中的表现起着核心作用。快速力量是花剑项目体能训练的核心要素。

3.1.4 核心区力量在花剑项目中的重要作用

花剑比赛中，运动员都是在身体不平衡的条件下做出攻防动作的，同时花剑比赛的攻防转换频繁，运动员需不断地前后快速移动躲闪。花剑的快速力量都是在不平衡条件下身体进行快速多次平衡调整时表现出来的，需要核心区力量多次快速地调整身体平衡，因而核心区力量在花剑比赛中起着非常重要的作用。核心区是腰椎、骨盆、髋关节形成的一个整体，具体指膈肌以下盆底肌以上的中间区域，并包括附着在它周围的神经、肌肉、肌腱、韧带和骨骼系统。核心肌群划分为背部肌群、腹部肌群、盆带肌群、盆底肌群和膈肌等。

在花剑比赛中，往往由大肌群开始发力，核心区肌群先发力，然后从核心部位向周围肌群传递，最后小肌群发力控制剑的进攻路线、进攻点和进攻幅度。从花剑比赛动作分析中可知，运动员经常做的刺剑动作有弓步刺、直刺、转移刺、击打刺、冲刺和甩剑刺等。其特点是根据外界刺激突然发力完成动作，有时幅度大、力量足，有时幅度小、力量轻，但都要求快速突然。在刺剑过程中，运动员对剑在高速运动中的掌控必须有强大的核心区力量来控制，这样才能准确有效地击中对手。在比赛中，运动员进行快速进攻，都会快速做出大幅度的弓步，这需要运动员有良好的核心区力量作为身体的推动力。因此，核心区力量是花剑项目体能训练的重要要素。

3.1.5 速度在花剑项目中的重要作用

速度是指以尽可能快的速率移动四肢、身体运动系统的一部分或整体的能力。击剑速度非常重要，特别是感受器官与运动器官相结合的速度，击剑项目对反应速度、动作速度和移动速度要求高，要求运动员的手、脚的应答反应速度，脚步（含身体）移动速度、变换速度，攻防动作速度均好。花剑比赛中主要需要的速度是反应和起动速度、动作速度、移动速度。在比赛的进攻和防守中都需要短距离向前移动和冲刺或向后移动。通过比赛录像观测到，一场花剑比赛，男子平均短距离向前移动或向后移动约 80 米，约 48 次，其中约 61% 是在 1 米内向前或向后移动。花剑比赛的移动特点是位移距离短、次数多，这需要运动员有短距离、频繁的快速移动能力。

男子花剑项目中，为了使对手猝不及防，运动员需要做快速、隐蔽的刺剑动作，主要要求上臂和手腕，特别是核心区部位做出迅速反应，这就需要运动员有快速的上肢和核心区部位的动作速度。花剑比赛主要通过弓步达到快速移动的目的，要求运动员两脚有快速的动作速度。花剑比赛中，运动员在瞬间需要对对手的动作变化做出快速反应，其特点是起动快、攻守转换快，并且次数多，这需要良好的反应速度和起动速度。因此，速度是花剑项目体能训练的重要要素。

3.1.6 柔韧在花剑项目中的辅助作用

柔韧是指人体关节活动幅度以及关节的肌肉、肌腱、韧带、皮肤及其他组织的弹性和伸展能力。体育运动中的柔是指肌肉、韧带拉长的范围；韧是指肌肉、韧带发挥的力量，控制关节不受损伤的最大活动幅度。柔和韧的结合就是柔韧，发挥的能力便是柔韧素质。从性能上看，柔韧是在幅度中还含有速度和力量的因素，即在做大幅度动作时，肌肉仍能快速有力地收缩。柔韧不好会使力量、速度、耐力、灵敏的发展受限，还容易受伤。花剑运动员要有一定的身体活动能力，特别是四肢各关节，关节良好的柔韧性对花剑项目有很好的辅助作用。

3.1.7 耐力在花剑项目中的辅助作用

耐力是指人体长时间进行肌肉工作的能力，也有人将其定义为有机体长时间工作抗疲劳的能力。运动员的耐力取决于多种因素，如速度、力量、肌肉成分、系统供能、完成动作技术的有效性、动作的节省化、完成负荷时的心理状态以及意志力等，这些因素都不同程度地影响着运动员的耐力水平。花剑比赛中各种攻防动作要求快速完成，10 秒以内高强度活动的供能主要是 ATP-CP 系统（磷酸原系统）。但从一场或数场比赛看，由于运动员每次活动后得不到充分的休息，而且还要保持一定时间的激烈活动，如果没有乳酸系统和有氧供能系统补充，将难以及时恢复。这需要很强的反复进行快速攻防转换的速度耐力和无氧耐力。因此，良好的耐力是花剑项目的保障。

根据以上分析可知，灵敏、协调、力量（主要是快速力量）、核心区力量、速度、柔韧和耐力作为花剑项目的体能的构成要素，它们在花剑项目的专项体能系统中相互联系、相互影响、相互作用，共同构成了具有花剑项目特点的专项体能系统。在该系统中，灵敏、协调和快速力量为核心要素，核心区力量和速度为重要要素，耐力和柔韧为辅助和保障要素。（图 12）

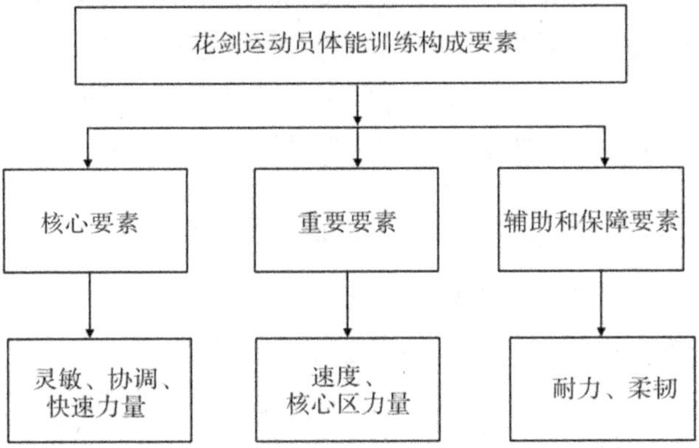

图 12　花剑项目体能构成要素示意图

3.2　男子花剑运动员灵敏素质特征

3.2.1　平衡能力对灵敏素质的影响

平衡就是在支撑的基础上维持身体重心的能力，长期以来被认为是发展运动技能很重要的一个方面，它是所有运动技能，特别是灵敏素质的基本组成部分。平衡通常被划分为两种类型，即动态平衡和静态平衡。静态平衡是指在一个地方静止保持身体平衡，同时强调复杂的反馈系统和维持站立姿势所需要的神经肌肉活动。运动的本质是动态平衡，是身体运动时在支撑的基础上保持身体重心的能力。运动的本质提出了进一步的挑战，它要求运动员在不同的层面上竞争，在对手的对抗下竞争，在不同的环境条件下竞争等。

很明显，平衡能力对于花剑运动员的灵敏素质和整体运动表现是很重要的。一个牢固的底部支撑，能为花剑运动员运用合理的角度打下坚实的基础。合理的角度指的是花剑运动员在比赛中正确处理脚踝、膝盖、臀部与身体躯干之间的关系。运动员在支撑底部时形成合理的角度，可以在身体重心和地面之间形成一种很好的杠杆调节作用，便于其在比赛进攻中加速、减速、切入和跳跃，而在有外界力量介入支撑底部的时候，如对手进攻或做出干扰动作时，这一点显得尤为重要。

3.2.2 脚步与地面的相互作用对灵敏素质的影响

在运动链内部，小腿仅代表力量的 14%，但这部分力量对于激活和协调大肌肉群的力量，例如大腿部、臀部、躯干和手臂力量具有重要作用。身体有一种能力，能向地面传送力量、转换能量，能产生出相同或相反的反应，从而在预期的方向上对躯干和四肢产生一种推力，地面的反作用力就是从着地能力发展而来的。这种移动方法充分利用先天反射，例如相位脊髓的交互牵张反射，在这个反射中，一条腿的弯曲就会引起另一条腿所有关节处的牵张。

花剑项目同样要运用这一理论，无论是进行灵敏训练还是比赛，脚踝背屈或脚趾上翘向胫骨移动都是非常必要的。在花剑比赛中，当运动员每次提起膝部时，脚踝背屈的姿势应该是自动形成的。采取这种姿势能使运动员腿部处于一种重新向后加速的准备状态，通过地面、脚前掌，由运动链完成力量的传递。肌肉本身有弹性，这种特性提高了动作效率和动作表现。花剑运动员在做前、后、侧多个方向移动的动作时，腿抬起的高度要相对低一些，膝盖弯曲和脚背屈的目的是为脚步做好准备，通过地面重新加速，并且推动运动员朝预定方向移动。

3.2.3 能量代谢能力对灵敏素质的影响

根据米卫国等的研究，在花剑个人赛的每场比赛中，85% 以上激烈的高强度活动时间都在 10 秒以内。人体内的 ATP-CP 储备最多维持高强度活动 10 秒左右。因此，要求花剑运动员具备良好的 ATP-CP 的储备和供能能力，也就是高能磷酸物质的供能能力。击剑比赛每场打 15 剑决胜负，比赛分为 3 局，每局 3 分钟，每局间休息 1 分钟，时间到，领先的一方获胜。在一场花剑比赛常打满 3 局的情况下，强化糖酵解供能能力可为运动员应付激烈比赛做好准备。花剑运动员应具备一定水平的耐乳酸能力，有较强的糖酵解供能能力，而这种糖酵解供能特点与田径和游泳等中、长距离项目不一样，它具有显著的间歇性特点。花剑运动员的灵敏训练中，在发展 ATP-CP 系统的供能能力基础上，应适当重视糖酵解供能能力训练，尤其是一定量的最高乳酸训练。同时花剑比赛中，在激烈的攻防前，有较远距离的步伐移动和各种试探动作的低强度活动，这种低强度活动主要以有氧代谢供能为主。可以说花剑运动是以有氧、无氧协同供能为主，并以 ATP-CP 供能为关键供能的项目。因此，花剑运动员有氧和无氧的能量代谢能力对灵敏素质有直接的影响。

3.2.4 反应时对灵敏素质的影响

反应时是反应速度快慢的决定因素。反应时通常指接收到外界刺激后立即做出肌肉动作的时间。花剑运动员中枢神经系统灵活性很重要，与此同时，花剑运动员的反应时，即运动员在接受刺激后与立即做出肌肉动作之间的时间，同样非常重要。在花剑比赛中，运动员需要针对对手的进攻随时调整自身的动作，并抓住机会采取反攻。运动员要战胜对手就必须在进攻、防守、还击、反还击的不断变化过程中，比对手判断得更准确，反应更及时，动作更迅速。运动员在比赛中的准确判断、快速反应能力无疑是衡量高水平击剑运动员的重要指标。反应时正是这种重要指标的具体体现。

3.2.5 节奏对灵敏素质的影响

花剑技术动作多种多样，各种技术动作之间有着极其密切的联系，按特定的顺序和时间间隔的比例交替进行。节奏也是花剑运动员基本功的表现，贯穿于动作的始终。如“向前一步弓步”“跃步冲刺”等动作的配合，都是按照各个动作不同的顺序和不同的速度、节拍来完成的，也就构成了击剑动作的节奏。

掌握好击剑比赛的节奏，就能更好地在对抗中进行攻守调整和转换等。运动员对击剑技战术掌握得越熟练，在比赛中的节奏感越强。节奏感越强的技术动作威胁越大，也越能增强运动员的自信心，使运动员在比赛中更有把握和控制权。花剑技术动作节奏的构成是在一定时间和范围内完成的，有起停的快慢，速度的变化，以及方向、范围的改变等。这些都直接影响着运动员在比赛中的主动性和灵敏性。

从对花剑灵敏素质特征的分析中可以看出，在安排花剑运动员灵敏训练时，要重视运动员平衡能力的发展，强调反应时训练的重要性，注重运动员的灵敏训练的节奏和灵敏训练方法中有氧、无氧运动以及间歇的把握，并在训练中密切结合专项，例如安排膝盖弯曲和脚背屈的动作，充分利用与地面的相互作用，利用地面重新加速，快速朝预定方向移动。

3.3 男子花剑运动员快速力量素质特征

花剑项目的力量形式以快速力量为主，进攻和防守的一瞬间，需要有良好的起动力量和制动力量，刺剑与挡剑时需要良好的爆发力，场上的快速移动需要良好的反应力量，它们都是快速力量的表现形式。因此，在快速力量训练的安排中要注重四种力量形式的综合提升。

3.3.1 起动力量

起动力量是指在最短时间内（50 毫秒以内）最快地发挥出的肌肉力量，是运动员由静止状态（预备或起始姿态）下发力的能力，也可定义为肌肉在 50 毫秒内达到最大力值的能力，如图 13 中的 f_{50}。

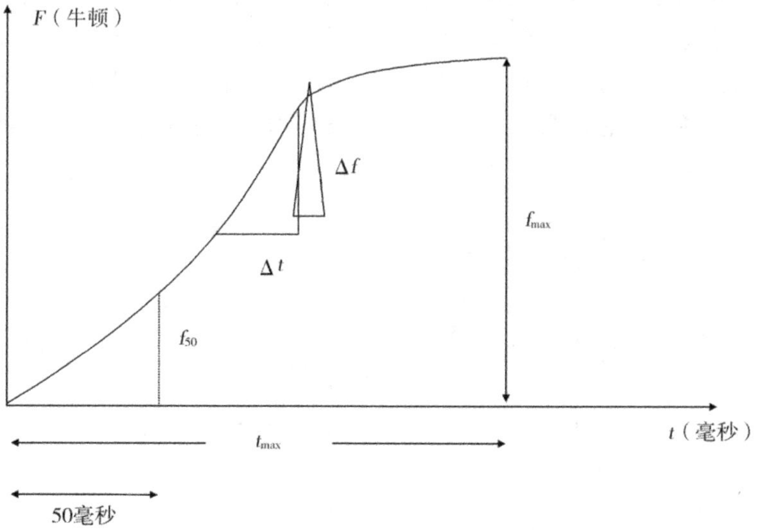

图 13 快速力量指数示意图

花剑比赛中，运动员要不时地进行进攻和防守的变化，运动员起动的速度和加速能力需要良好的起动力量。同时，运动员需对外界刺激的突然变化快速做出应答反应，外界情况变化速度相当快，运动员要高度集中注意力，并不时地针对对手的进攻意图进行很好的判断，然后根据情况进行各种应对的起动，以便能快速准确地判断和移动，从而达到进攻和防守的目的。起动力量是花剑项目采取进攻或防守的起始阶段，是快速力量良好运用的开始。好的开始是成功的基石，起动力量在花剑快速力量中有着重要的引领作用。

3.3.2 爆发力

爆发力是花剑项目攻击和抵挡对手的主要力量表现形式。爆发力是神经肌肉系统将起动力量进一步发展至最大化的能力，是指在最短时间内（约 0.15 秒以内）以最大的加速度克服一定阻力的能力，如图 13 中的 Δf。

花剑比赛中攻击对手一瞬间的速度都在 0.2 秒之内完成，这个时间符合爆发力的形成特点，单位时间内力值的上升速度成为取胜的关键因素。对于花剑运动员来说，对力量训练的要求不在于“大”，要在于“快”，因此最大力量并非花剑运动员力量训练的重点，而提高运动员快速力量的能力才是制胜的根本要素。如图 14 所示，运动员 B 的最大力值高于运动员 A，但力值的上升速度较慢，这说明运动员 A 的快速力量优于运动员 B，如果两名运动员都是高水平花剑运动员，则运动员 A 的快速攻击效果必然优于运动员 B。

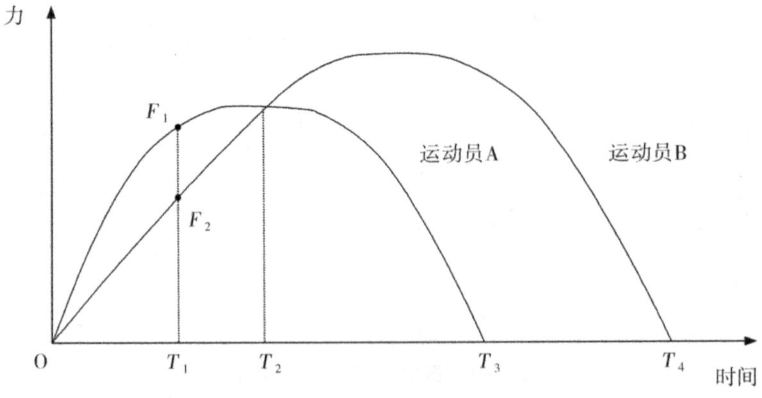

图 14　两名运动员达到并尽可能长时间地保持最大力量的力曲线

（F_1 和 F_2 分别为相同时间运动员 A 和运动员 B 所达到的力值）

3.3.3 制动力量

制动力量是指在迅速改变运动方向的过程中，肌肉克服阻力，产生最大负加速度的能力，即以较高的加速度朝相反的方向运动的能力。

花剑运动员在比赛中需要不停地移动身体，找准时机出手。在前后移动中寻求适宜的得分时机的过程中，花剑运动员需要有较好的制动力量控制身体，有时需要立即制动住身体，同时要在身体即将失去平衡时通过肌肉的离心收缩尽可能保持并恢复良好的身体姿势。运动员肌肉的工作方式包括向心收缩和离心收缩，击剑运动员比赛过程中的减速和制动同时用到了这两种肌肉收缩。因此，在花剑快速力量的安排中要同时考虑到这两种力量的收缩方式，两者都加强才有可能提高运动员快速力量中的制动力量，运动员才能在比赛中更快速灵活地移动和有效地进攻。

3.3.4 反应力量

反应性运动或牵拉 – 缩短周期也是快速力量的一种，可称之为“反应力量”，有的研究也称“弹性力量”。反应力量产生的质量取决于肌肉的收缩能力和弹性能力。

反应力量通常建立在相对力量基础上，对于高水平花剑运动员场上的表现，反应力量起着十分重要的作用，它使得运动员能保持高频率的快速发力能力。反应力量好的运动员，在赛场上的移动轻快而有弹性。花剑运动员可以通过反应力量训练充分提高机体的拉伸和收缩能力，更有效地储存弹性势能。反应力量的训练越充分，选手移动进攻就越快捷而迅猛，反应力量对运动员在比赛中良好的发挥起着积极的作用。

3.4 中国男子花剑队运动员灵敏与快速力量训练特点研究

笔者作为中国男子花剑队备战伦敦奥运会集训团队的体能教练之一，参与了从 2011 年 7 月至 2012 年 6 月中国男子花剑队的集训。在笔者担任体能教练期间，中国男子花剑队于 2011 年获意大利世界击剑锦标赛男子花剑团体冠军，成功卫冕；2012 年伦敦奥运会，雷声获男子花剑个人金牌，取得历史性突破。

这次备战伦敦奥运会集训，一共有 3 个集训期。本研究从分析中国男子花剑队集训目标，中国男子花剑运动员身体特点、身体机能，男子花剑项目特征等几个方面入手，充分了解花剑项目和中国男子花剑运动员的特点，从而有针对性地安排符合花剑项目和运动员特点的灵敏和快速力量训练。

3.4.1 中国男子花剑项目奥运备战年度训练计划

在中国男子花剑项目的年度训练计划中，体能训练的比重并不高，只占全部训练量的 10% ~ 30%，冬训阶段是花剑项目体能训练相对集中的阶段，体能训练所占的比重基本保持在 30% 左右。在全年训练中，由于上半年是国际比赛集中的阶段，所以全面冬训的时间大概有一个半月。冬训阶段花剑项目每周专门体能训练课保持在 2 ~ 3 次，在专项训练课中，也会增加体能训练的内容。

备战伦敦奥运会集训的 3 个阶段分别为：第一阶段，2011 年 7 月 25 日至 8 月 21 日，共 4 周时间，这一阶段为准备阶段；第二阶段，2011 年 12 月 5 日至 2012 年 1 月 22 日，共 7 周时间，这一阶段为强化阶段；第三阶段，2012 年 3 月 29 日至 4 月 22 日、2012 年 5 月 7 日至 6 月 10 日，这一阶段为比赛准备期。各阶段的体能训练要求见表 4。

表 4　中国男子花剑运动员备战奥运赛前各阶段体能训练要求

阶段划分	准备阶段	强化阶段	比赛准备期
阶段任务	（1）作为一般准备阶段，全面提高身体素质和专项素质。 （2）均衡地发展各项身体素质、专项技术等。 （3）通过业务交流，增强对技战术的理解、认知和训练的内在动机。	（1）全面强化一般体能与专项体能，建立对运动员的评估指标。 （2）加强各种训练的难度与要求。 （3）通过研究对手录像，结合训练，有针对性地提高薄弱环节的能力。	（1）作为专项的准备阶段，以一般性身体训练为基础，保持体能，以速度、技术为中心。 （2）专项力量、灵敏等训练与训练负荷紧密结合，比赛由量的变化转化为质的变化。 （3）心理准备，避免过度疲劳，模拟比赛环境，有意营造各种比赛突发事件，强化心理素质。大赛前，积极参加一些热身赛。

从表 5 可以看出，在奥运集训期不同阶段的体能训练目标均主要注重专项快速力量和灵敏能力的提高，确保运动员伤病的康复。因此，在

3 个阶段的集训中，体能训练紧密围绕训练目标，即全面提高运动员灵敏和快速力量能力。

表 5　中国男子花剑队备战伦敦奥运会集训时间和体能训练目标

集训时间	集训训练目标
2011 年 7 月 25 日至 8 月 21 日	（1）重点是注重脚下的快速移动能力上的提高。 （2）为 2011 年 11 月的世界锦标赛做好充分的身体准备。
2011 年 12 月 5 日至 2012 年 1 月 22 日	（1）在运动员现有身体情况下，完成伤病的修复和康复，保证运动员的身体健康。通过身体练习，完全去除专项训练中各种保护辅助的护具。 （2）在运动员现有身体能力条件下，最大化地挖掘运动员个人快速力量能力、快速敏捷能力，以良好的身体储备为专项训练服务。
2012 年 3 月 29 日至 4 月 22 日；2012 年 5 月 7 日至 6 月 10 日	（1）全面的身体恢复（伤病恢复），在保持前段身体训练成果的基础上，加大基础力量和专项力量的练习。 （2）确保身体健康的情况下全面保持和提升身体能力，为参加奥运会打下坚实的基础。

3.4.2　中国男子花剑队运动员身体形态和伤病分析

本研究对中国男子花剑队运动员的身体形态、伤病情况和身体机能测试结果进行了分析，以此为基础，构建运动员灵敏和快速力量训练方案。具体实验对象的基本情况，已在前文“研究对象”里列出。

3.4.2.1　身体形态测试结果分析

身体形态在一定程度上反映相应的生长发育水平、机能水平和竞技能力水平，在一定程度上影响身体素质的发展。从中国男子花剑队运动员身体形态测试结果来看，身材修长、体重适中是其基本身体特征，尤其是男运动员的体脂百分比较低，几乎只有女运动员的一半。中国男子花剑队运动员较好的身体形态有助于他们在比赛中更有效地发挥灵敏与快速力量素质的作用。（表 6）

表 6　中国男子花剑运动员身体成分测试结果平均值表（2011.7）

剑种	测试人数	身高（厘米）	体重（千克）	去脂体重（千克）	体脂百分比（%）
男花	10	185.10 ± 5.36	76.80 ± 8.28	70.20 ± 7.76	8.80 ± 2.31

3.4.2.2 主力队员伤病结果分析

一名运动员只有在身体健康无伤病的情况下，才能较好地在比赛中发挥自身正常水平，任何伤病对运动员取得好成绩都是一种阻碍。体能训练必须预防运动员伤病，积极治疗运动员已有的伤病。从表 7 中可以看出，中国男子花剑队主力队员的身体伤病部位主要集中在下肢的膝关节和踝关节，伤病原因主要是由于长期从事专项运动所致的劳损；但原因是多方面的，伤病也可能与运动员关节稳定性、神经肌肉控制力、肌肉力量不均衡等因素有关。主力队员的伤病，必然使得他们灵敏与快速力量能力的提升受阻，这就需要在安排灵敏和快速力量的训练中，根据每个运动员的不同情况，采用不同的训练方法，便于运动员在保护和康复伤病部位的情况下提高身体素质。

表 7　中国男子花剑队主力队员伤病情况（2011.7）

运动员	持剑手	出生年月	伤病部位	伤病原因
1	左	1984.3	右脚踝	扭伤
2	左	1984.7	左右脚踝、左大腿股四头肌	陈旧性伤病和拉伤
3	左	1982.10	右腿膝关节	劳损
4	右	1984.7	踝关节	劳损

3.4.3 中国男子花剑队运动员关节力量特点研究

击剑项目不属于体能类项目，对力量的要求不同于足球、拳击、举重等项目，作为交手项目，尤其是与身强力壮的欧美选手进行对抗时，我国击剑运动员必须具备良好的专项力量素质，才更容易发挥自己的特长。为此，本研究对中国男子花剑队运动员部分关节部位的力量状况进行了分析，以此作为灵敏和快速力量训练的实践基础。中国男子花剑队运动员中，踝关节受伤的人数居多，因此本研究以踝关节为例。

从对男子花剑运动员的伤病情况调查中了解到，花剑运动员踝关节和膝关节受伤概率较高。从测试结果来看，男子花剑运动员左、右侧踝关节平均屈伸肌比分别为 360.8% 和 329.7%。通常踝关节屈伸比值约为 3 ∶ 1（300%）。如果超过这个值过多，如达到 450% 或 500% 时则需注意踝关节前侧肌群肌肉损伤的预防，并提高脚踝的稳定性；如果明显低于该值，需要考虑增强踝关节后侧肌群练习。从测试的整体结果来看，左侧屈伸比有偏高倾向，运动员个体均不同程度地存在左右侧踝关节屈伸肌不均衡的现象。对此，训练中应引起重视，采取相应的应对措施。（图 15）

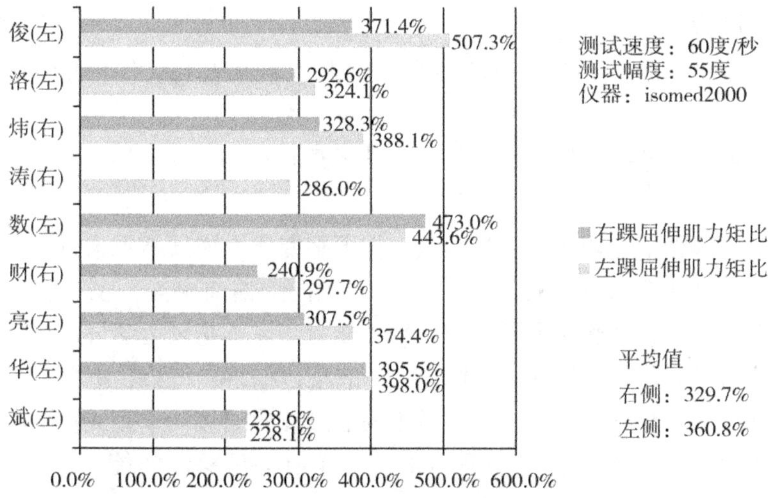

图 15　中国男子花剑队运动员等速力量测试结果（踝关节）

从中国男子花剑队运动员关节等速力量测试结果来看，大部分运动员个体均存在力量不均衡现象。从项目特点来说，这种不均衡是项目需要的；但从人体健康来说，如果这种不均衡现象超过一定限度必将影响相应关节的稳定性，进而导致用力时由于力量不均衡造成动作完成的质量下降或造成慢性、急性伤病。这也正是主力运动员膝关节、踝关节伤病的原因之一。因此，在灵敏和快速力量的训练中要充分考虑男子花剑运动员关节力量不均衡的因素，根据运动员不同的特点安排训练内容和负荷，注重功能性力量训练，预防伤病，有针对性地加强弱侧关节的力量。

3.4.4　中国男子花剑队运动员平衡能力特点研究

从前文分析可知，平衡能力是影响灵敏素质的重要因素。本研究对中国男子花剑队运动员静态姿势下维持身体平衡的能力进行了测试，具体指标如下。

X 轴向平均值——分析时间段内测试者重心在 *X*（左右）方向移动

的平均距离。如果测试结果为正值，则重心偏向受试者右侧；如果为负值，则偏向受试者左侧。

Y 轴向平均值——分析时间段内测试者重心在 *Y*（前后）方向移动的平均距离。如果测试结果为正值，则重心移动偏向受试者前方；如果为负值，则偏向受试者后方。

X 轴向距离——分析时间段内测试者重心在 *X*（左右）方向移动的总距离。

Y 轴向距离——分析时间段内测试者重心在 *Y*（前后）方向移动的总距离。

从中国男子花剑队运动员闭眼条件下平衡能力测试结果来看，花剑项目运动员在击剑步法闭眼站立时，在 *X* 轴向上偏向右侧，在 *Y* 轴向上偏向后方，且左右平衡能力弱于前后平衡能力，男子花剑运动员这种特征体现得较为明显。该项目在平衡能力上所表现出的特点符合花剑项目前后移动的特点。在花剑比赛中，运动员主要通过前后的移动来完成攻防动作，在这个过程中需要运动员有良好的控制重心前后移动的能力。（表 8）

表 8　中国男子花剑队运动员击剑步法闭眼站立测试结果（单位：毫米）（2011.7）

剑种 / 人数	击剑步法闭眼站立			
	X 轴向平均值	*Y* 轴向平均值	*X* 轴向距离	*Y* 轴向距离
男花 /10 人	20.9300 ± 1.1402	–48.4000 ± 3.5407	277.7300 ± 7.3045	182.8400 ± 5.4301

从中国男子花剑队运动员睁眼条件下平衡能力的测试结果来看，运动员在 *X* 轴向上偏向右侧，在 *Y* 轴向上偏向后方，前后平衡能力仍然强于左右平衡能力，睁眼条件较闭眼条件下的平衡能力有弱化倾向，且左右与前后平衡能力的差距更大。造成这一结果出现的条件是睁眼，视觉定位需要目标，而测试时由于没有给运动员提供固定目标，造成运动员整体平衡能力下降。（表 9）

上述平衡能力的测试结果，反映出男子花剑项目运动员在平衡能力上存在左右平衡与前后平衡不均衡的现象。因此，在灵敏训练中应加强平衡能力训练，尤其强化弱侧关节力量，使两侧关节肌肉力量均衡发展，并加强功能性力量训练，预防伤病。

表 9　中国男子花剑队运动员击剑步法睁眼站立测试结果（单位：毫米）（2011.7）

剑种 / 人数	击剑步法睁眼站立			
	X 轴向平均值	*Y* 轴向平均值	*X* 轴向距离	*Y* 轴向距离
男花 /10 人	28.4300 ± 1.3348	–55.8400 ± 2.8986	110.2500 ± 5.5409	115.6800 ± 4.3398

3.4.5　男子花剑项目心率负荷研究

花剑运动员在比赛中的机能特点是花剑专项素质训练的根本依据，为此，笔者专门跟踪测试了国家队运动员在不同比赛中的心率情况，以此来反映运动员比赛中的负荷特征，为灵敏和快速力量训练提供负荷依据。花剑运动员比赛中的最高心率和平均心率可作为灵敏和快速力量训练负荷的参考值。

从测试结果来看，花剑项目运动员在比赛中的最高心率在 190 次 / 分以上，个别运动员最高心率甚至超过 200 次 / 分。整场比赛的平均心率亦在 160 次 / 分以上，计算平均心率的时间包括每局之间的 1 分钟休息时间、每一回合打完时的转换时间。从花剑运动员比赛中的最高心率和平均心率来看，运动员比赛时的负荷属于大强度及以上水平，也可以说，男子花剑项目属于大强度负荷为主的运动项目。

3.4.6　中国男子花剑运动员无氧耐力特点研究

无氧耐力是指运动中人体通过无氧代谢途径提供能量进行运动的能力。无氧功率是指机体在最短时间内，在无氧条件下发挥出最大力量和速度的能力。Wingate 无氧功率试验是以最快速度完成 30 秒全力蹬踏功率自行车的运动，并以此得出最大无氧功率及无氧功率递减情况。其中最大无氧功率可反映运动员的无氧耐力，尤其是磷酸源供能能力，评价无氧功率的常用指标有 3 个：峰值功率（Peak Power）、平均功率（Average Power）、疲劳百分比（Power Drop）。

峰值功率反映了肌肉在短时间内产生高功率的能力。峰值功率越强，肌肉在短时间内产生的高功率的能力越强，即通常所说的快速力量中的爆发力越强。平均功率反映肌肉维持高功率的耐力。平均功率越大，肌肉维持高功率的能力越强，即通常所说的速度耐力越强。疲劳百分比为功率的递减率，反映无氧供能条件的疲劳程度，递减率越高，说明越易疲劳。

花剑运动以有氧、无氧协同供能，并以ATP-CP供能为关键供能方式，因此，花剑项目对无氧功率和无氧代谢能力要求较高。随着击剑项目的不断发展，为了增加观赏性，竞赛规则中做出了许多鼓励进攻的规定，运动员要在连续不断的高速运动中把握战机，取得胜利，势必要以很高的无氧代谢能力作为后盾，包括要有很强的快速力量能力。有关研究显示，击剑运动员拥有良好的无氧耐力，或者说，无氧代谢能力高（包括最大功率和平均功率）对比赛成绩有着良好的促进作用。表10是对中国男子花剑队队员无氧功率测试结果。

表10　中国男子花剑队队员无氧功率测试结果（2011.7）

剑种 / 人数	无氧功率		
	峰值功率（瓦）	平均功率（瓦）	疲劳百分比（%）
男花 /10 人	15.06 ± 1.0255	8.73 ± 0.1792	32.2 ± 1.4866

从测试结果来看，男子花剑项目的峰值功率平均为（15.06 ± 1.0255）瓦，平均功率为（8.73 ± 0.1792）瓦，疲劳百分比为（32.2 ± 1.4866）%。

测试结果反映了男子花剑项目对无氧耐力的基本要求。从整体来看，男子花剑运动员无氧功率测试中表现出的特点仍是功率递减率相对偏高，这也反映出花剑项目运动员在高负荷下易疲劳。因此，我们在发展灵敏和快速力量能力的训练中，应有意识地强调对运动员无氧耐力的训练力度。同时，我们也应对个别功率递减超过平均值的运动员跟踪观察，加强他们无氧耐力的训练，避免这类运动员在大强度比赛中由于疲劳而影响到比赛的发挥。

3.4.7　男子花剑项目主要用力肌群的研究

身体素质是人体在运动过程中所表现出来的机体能力。从前文的分析可以了解到，花剑运动中灵敏与快速力量的重要性；因此，要有效提高花剑项目运动员的灵敏和快速力量水平，需要对运动员这两项身体素质进行有效的训练。而有效训练的依据来自专项对身体素质的需求，身体素质训练的关键是符合项目要求，其中符合项目要求的重要内容之一为动作方式的一致性。因此，我们对花剑项目在完成动作过程中的主要用力肌群及发力顺序进行了研究。花剑基本技术涉及的身体部位主要包括手臂与身体核心部位。以下为研究结果举例（以左手持剑为例）。

在原地直刺过程中（左上肢），尺侧腕伸肌、桡侧腕伸肌、指浅屈肌、尺侧腕屈肌、肱桡肌、桡侧腕屈肌、肱二头肌、肱三头肌依次发力，完成剑尖指向目标、以剑尖带动剑身和手臂平衡向前伸展，直到手臂完全伸展，完成击中目标的动作。在这个过程中，尺侧腕伸肌、桡侧腕伸肌最先放电且幅值较大；其次是指浅屈肌、尺侧腕屈肌、肱桡肌、桡侧腕屈肌、肱二头肌同时放电但幅值不是很大；最后是肱三头肌放电，这时手臂充分伸展。（图 16）

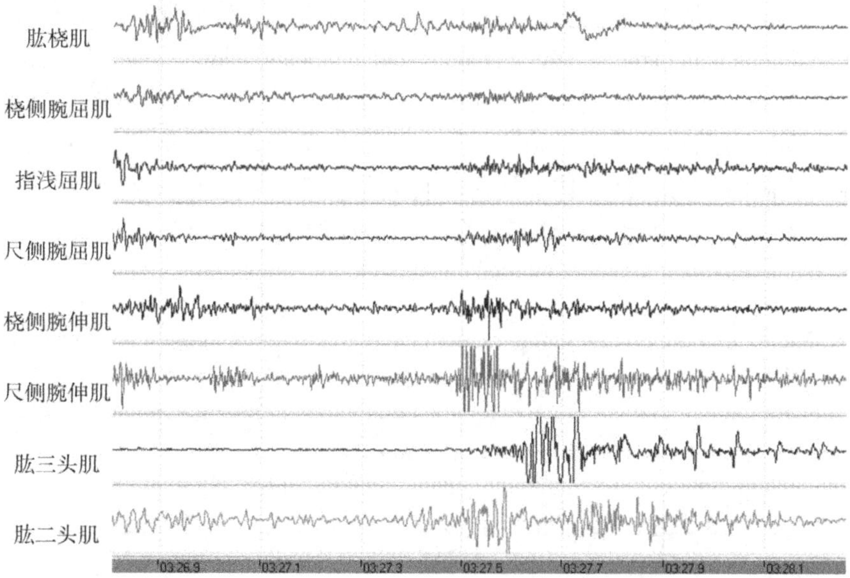

图 16 原地直刺左上肢肌群放电情况（持剑臂）

在完成防守转移刺动作过程中（左上肢），肱二头肌、尺侧腕伸肌、尺侧腕屈肌、指浅屈肌、桡侧腕屈肌、尺侧腕伸肌、桡侧腕伸肌、肱桡肌等肌群依次用力，完成剑尖转移顺时针转移刺的动作。肱二头肌、尺侧腕伸肌、肱桡肌先依次放电，使剑尖转移；接着，尺侧腕屈肌、指浅屈肌、桡侧腕屈肌同时放电，尺侧腕伸肌、桡侧腕伸肌同时放电完成顺时针转移刺。桡侧腕伸肌、指浅屈肌在完成动作过程中放电幅值较大，主要起到控制剑尖的作用。（图 17）

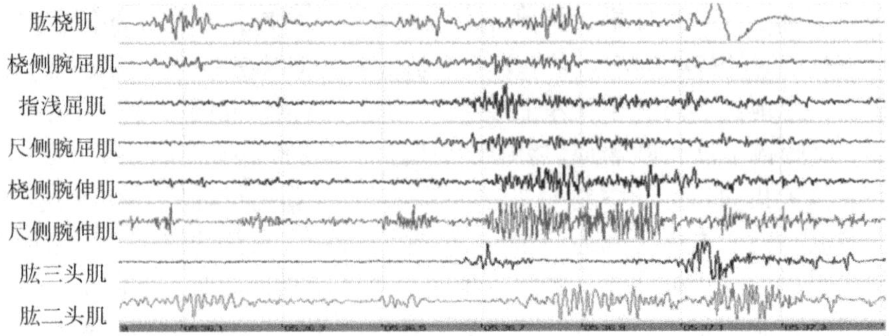

图 17　防守转移刺左上肢肌群放电情况

在完成实战姿势向前一步弓步的动作过程中，核心肌群中的右臀大肌上部、两侧竖脊肌下部、两侧腹外斜肌、左腹直肌、右臀大肌上部和左竖脊肌下部共同作用，完成送髋、推动重心前移和制动动作。右臀大肌上部、两侧竖脊肌下部依次放电，完成送髋动作；两侧腹外斜肌、左腹直肌同时发力，使上体前倾；右臀大肌上部、左竖脊肌下部依次发力完成送髋动作，推动重心继续前移和制动动作。（图 18）

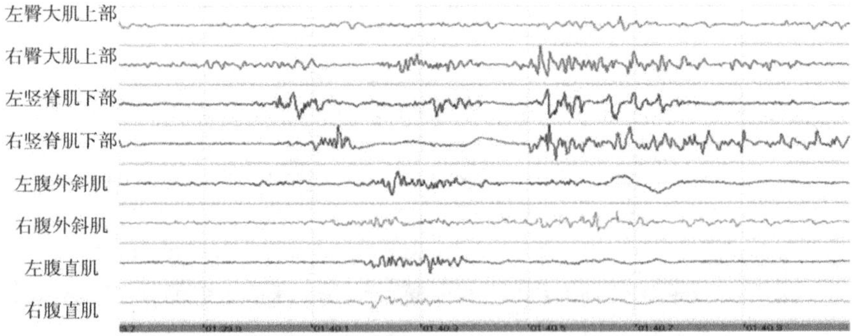

图 18　实战姿势向前一步弓步核心肌群放电情况

以上研究是花剑运动员在完成不同动作时手臂和核心部位主要肌肉群的用力情况，为花剑运动员进行针对性的灵敏和快速力量训练提供了理论依据。

3.4.8　中国男子花剑队运动员灵敏与快速力量训练特点

从前文分析可以得出，男子花剑运动员在进行进攻和防守不同动作时，肌肉的用力部位、顺序和大小都不尽相同，在实战比赛中核心区力量起着重要作用。大部分男子花剑运动员均以膝关节和踝关节伤病居多，存在关节力量和平衡能力不均衡现象，这种不均衡是项目特点造成的，这些特点为进行针对性的灵敏和快速力量训练提供了理论依据。如果这种不均衡现象得不到改善，进而导致运动员用力时由于力量不均衡使得动作完成的质量下降或产生慢性、急性伤病，对运动员成绩的进一步提高以及运动员运动寿命都是十分不利的。在灵敏和快速力量训练的安排中必须注重身体能力的均衡发展，加强功能性力量训练，选择与专项动作形式、用力特点一致或相近的手段进行练习，提高各关节协同工作的能力。

以上研究通过对备战2012年伦敦奥运会的中国男子花剑队运动员进行专项能力测试，得出男子花剑项目灵敏与快速力量训练特点。两项素质训练安排要符合专项的能量代谢和负荷特征，训练方法与专项密切结合，为专项服务，重视发展专项灵敏和快速力量，加强功能性力量训练。

3.5 男子花剑项目灵敏与快速力量训练方法研究

灵敏和快速力量素质均是综合能力，以下主要探讨提高花剑运动员这两种能力的主要训练方法。训练方法是指根据项目特点和运动员的个人特点，通过训练方法的选择、改造、组合、参数的调整（次数、组数、间歇时间、持续时间、密度、负荷的调整）等方式，不断提高训练效果的手段。训练方法要与专项紧密结合，本文重点从花剑项目的机能特点和动作结构等方面对当前常用灵敏和快速力量素质训练方法进行优化。从前文对中国男子花剑队运动员灵敏、快速力量训练特点的分析中可以得出，在灵敏、快速力量训练中要注重专项的能量代谢和负荷特点，训练方法与专项密切结合，发展专项灵敏和快速力量，重视功能性力量训练，确保运动员肌肉力量协同发展，预防伤病并辅助伤病恢复。

3.5.1 训练方法机能优化

训练方法机能优化就是指根据男子花剑项目的特点对体能训练方法进行研究分析，探寻符合男子花剑比赛特点的体能训练方法的过程。本研究在备战伦敦奥运会期间对运动员进行身体素质训练过程中，对运动员的心率负荷特点进行了测试，以此来判断训练方法对运动员的机能影响。例如，在部分灵敏素质的训练中要求运动员佩戴心率表，以此来监控体能训练的效果，并依此来优化体能训练方法，把更符合要求的体能训练方法逐渐固定下来，作为长期使用的方法。

例如在一次体能训练课中，对重点运动员测试过程的心率变化情况进行了跟踪测试，图 19、图 20 分别为上午和下午测试时的心率变化图。

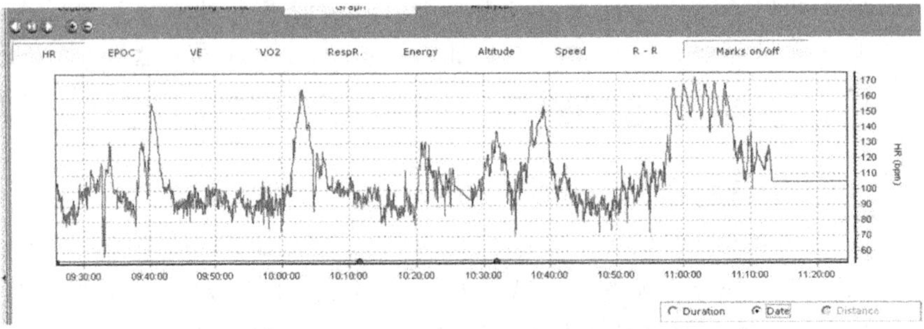

图 19　击剑运动员上午个体体能测试心率变化图

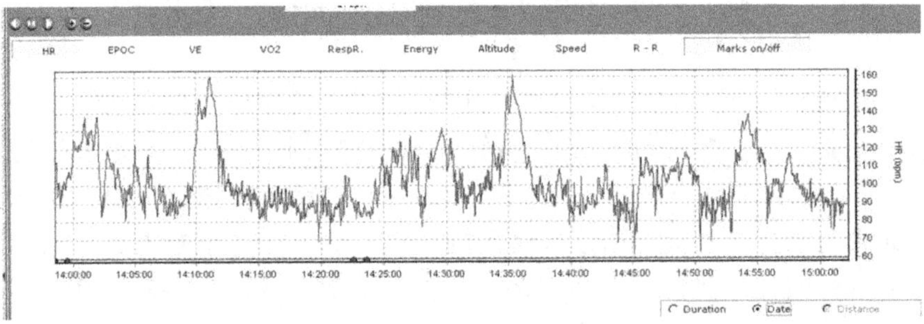

图 20　击剑运动员下午个体体能测试心率变化图

在上午体能训练课中，测试项目为立位体前屈、立定跳、口令刺靶、四角跑、八级腹桥和跳绳双飞，其中前三项采取的是交叉测试，然后测试四角跑，之后分组做八级腹桥，最后测跳绳双飞。下午的测试项目为持剑步伐移动刺靶、蛇形跑、两头起、八级侧桥。

从测试结果来看，口令刺靶强度最大，表现为心率变化图的第一个高峰。在监测中我们发现，动作完成后，有些运动员的心率甚至超过了 180 次 / 分，有的瞬间心率达到了 190 次 / 分。从该项测试所表现出的心率变化特点来看，这一测试项目对运动员的刺激较为符合击剑项目运动员比赛时的机能变化特点。同时，该项测试还可以根据不同剑种的特点、不同运动员的训练水平，通过增加刺点变化、距离变化、信号刺激的难度来提高训练时的难度，进一步达到训练的目的。

击剑运动员跳绳双飞时的心率变化图更为明显，在测试的最后显示为锯齿形，因为间歇跳绳中间有一分钟的休息时间，导致这段时间的心率图比较好分辨。该项测试主要是根据击剑项目运动员在比赛中的心率变化特点设计的，从测试监控结果来看，也基本达到了我们的目的。跳绳在击剑项目的灵敏训练中，使用范围非常广泛，笔者就这次跳绳测试的设计，在教练组中广泛地征询了意见。本研究通过对测试过程的监控，让教练员和运动员对该方法参数的变化所产生的对训练效果的影响有了更直接的认识，让教练员更深入地理解到要达到训练目的，同一个方法要因人、因时、因项进行设计。

四角跑主要是测试运动员的灵敏性，按照预期的结果，运动员的心率应达到大强度，但从测试结果来看，大部分运动员在测试过程中心率达到中等以上强度，只有少部分运动员的心率达到大强度。分析其原因，对比了运动员的测试表现，认为主要原因还是与运动员跑动的熟练程度和信号给的时机有关。从实际测试来看，该项指标确实有着重要的训练用途，对运动员自身进行训练成效对比非常有意义。

八级腹桥、侧桥作为核心稳定性和核心力量均衡发展程度的测试指标，由于运动员该部分力量发展水平的差异性及平常训练时的关注度不同，所达到的等级水平差异较大，机能测试结果没有可比性，但从完成八级练习运动员的心率来看，接近大强度的负荷水平。

下午的移动刺靶测试是为模拟运动员比赛过程中步法移动的主要特点设计的专项体能测试方法。从心率监测结果来看，运动员在测试过程中，心率逐渐升高，并在最后几秒达到 180 次 / 分以上。

两头起测试主要是要求队员做到力竭，所以心率曲线表现得也很高。考虑到该项测试的目的只是了解运动员腹部肌肉力量耐力的发展情况，对心率监测结果没有做分析，而且从测试过程中所显示出的瞬时心率来看，有些队员亦达到 180 次 / 分以上，这与要求运动员做到力竭有关系。

本研究通过对以上部分指标进行机能测试分析，力求使体能训练在机能指标的监测下，进行体能训练方法优化，让击剑项目体能训练更加符合项目需要。

3.5.2 训练方法动作结构优化

训练方法动作结构优化是指根据花剑项目动作结构特点、不同动作的要求及参与的肌群和发力特点，对体能训练方法进行研究分析，探寻在动作结构上符合项目特点的体能训练方法的过程。

为了提高体能训练效果，体能训练的方法除了要反映花剑项目机能特点外，还应符合花剑的动作结构特征，尤其是符合花剑项目动作结构特点下的肌肉用力特征，只有在动作结构基本符合花剑特点的情况下所进行的体能训练才更有意义。

以训练核心肌群时仰卧两头起为例，腰腹部肌群放电情况如图 21 所示。

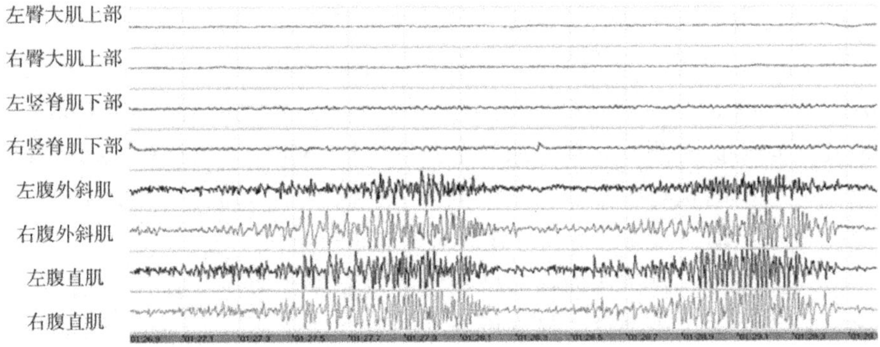

图 21　仰卧两头起腰腹部肌群放电情况

从肌电测试结果来看，主要放电肌群为腹直肌和腹外斜肌，腹直肌比腹外斜肌稍早放电，同时结束放电。整个过程分为向心收缩和离心收缩两个阶段，离心收缩阶段放电幅值较大。

再以训练中的一项快速力量素质练习——拉橡皮带出弓步动作肌群放电情况为例，其肌群放电情况如图 22 所示。

从测试结果来看：①出弓步主要放电肌群为前腿胫骨前肌、腓肠肌外侧、后腿股四头肌、腓肠肌内侧；放电顺序为前腿胫骨前肌、前腿股直肌、前腿腓肠肌外侧先同时放电，接着，后股四头肌内外侧、后腓肠肌内侧同时放电。②形成弓步主要放电肌群为前腿胫骨前肌、腓肠肌外侧、股内外侧肌，后腿胫骨前肌、股二头肌、腓肠肌内侧、股内外侧肌；

放电顺序为前后胫骨前肌、后股内外侧肌和股二头肌先同时放电，接着，前股内外侧肌、前腓肠肌外侧、后腓肠肌内侧同时放电。③主要特点为此训练方式各肌群放电幅值不是很大，前后腿不对称，符合实战姿势，对训练的肌群有针对性。此训练方法是练习下肢快速力量和步法比较合适的方法，且与专项较为贴近。

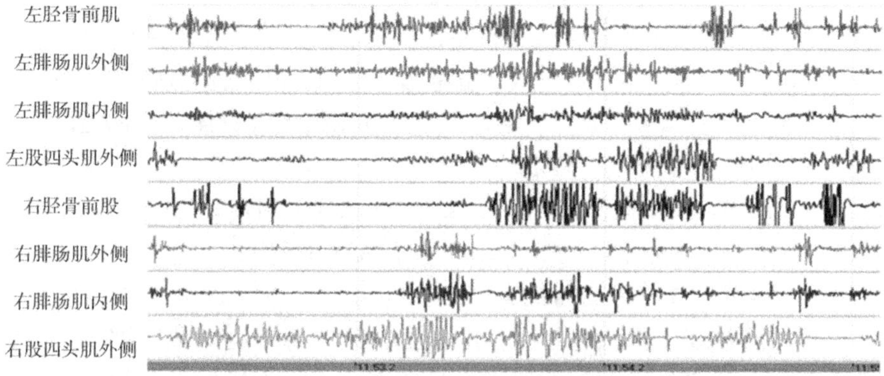

图 22　拉橡皮带出弓步动作肌群放电情况（左弓步）

3.5.3　训练方法功能组合优化

通过机能测试、动作结构测试来优化单一的训练方法手段，这对于提高击剑项目的体能训练科学化水平有着重要的实践意义。同时，考虑到在击剑项目的体能训练实践中，除了单一训练方法手段外，还有组合训练方法手段的运用，而这些方法手段的运用有时是训练课所必须的。对击剑项目来说，对体能的要求毕竟不是单一的，而是多种体能因素共同作用的结果，这就要求我们在平常体能训练中，要通过多种体能训练方法手段的组合来达到这一目的。在实践中，每种体能训练的方法手段的功能各有特长，组合的关键是要实现功能上的相互弥补、相互促进。要达到我们需要的结果，一是靠对各种体能训练方法手段的科学分析，二是要对这些体能训练方法手段的组合进行效果评估的机能监测。

针对运动员个体的体能训练优化后的方案举例如下。

某花剑运动员的特点是瘦、身材高、腰腹力量相对较弱。在综合考虑项目特点和运动员身体特点的基础上，把突破口放在躯干和大腿两部分的力量训练上，目的是增加这两个部位肌纤维的横断面积，提高该运动员的瘦体重，同时也弥补由于身高导致的腰腹力量相对较弱的问题。通过对各种体能训练方法手段的优化，最终确定以下具体的灵敏和快速力量训练方案。

（1）负重 5 千克，仰卧起坐 20 次，5 组。

（2）负重 3 千克，仰卧举腿 20 次，5 组。

（3）负重 20 千克，俯卧背起 30 次，5 组。

（4）连续硬拉 6 根橡皮筋 30 次，5 组。注：（3）或（4）任选其一。

（5）杠铃深蹲 8 次，5 组，重量选择根据实际身体情况而定。

（6）杠铃半蹲 12 次，5 组，重量选择根据实际身体情况而定。

（7）60 米冲刺跑，5 组。

（8）150 米加速跑，3 组。注：（7）或（8）任选其一。

（9）90 ~ 180 秒双飞，要求间断不超过 3 次。

（10）3 ~ 5 分钟变速跳。

运动员体能训练优化针对性非常强，针对每个运动员提供一个优化的思路，并逐步展开执行方案。在具体训练实践中优化方案的制订，需要做大量的前期准备工作，而且在计划的执行过程中，还要对训练的效果进行评估，不断地进行修订，可以说体能训练过程本身就是一个对训练方法手段不断进行深度优化的过程。

上述方法是本研究优化中国男子花剑队灵敏与快速力量训练方法手段动作结构的重要方法之一。本研究力争让体能训练的方法手段体系更加符合男子花剑项目的特点。

3.5.4 男子花剑项目灵敏训练方法研究

灵敏训练不是单一的训练，它是一种系统训练程序的体现，训练的内容应包括力量、爆发力、加速、减速、协调、平衡等训练。

3.5.4.1 男子花剑项目灵敏素质发展原则

发展花剑项目灵敏素质时应考虑以下几个原则。①质量比数量更重要。为了达到最好的训练效果，每次的灵敏训练都要仔细做好计划控制，过多地运用灵敏训练会导致训练过度。②保证技术的正确性。如果运动员训练时一直用不够正确的动作，那么他会固定这种欠佳的动作模式，致使最后阻碍其灵敏素质的发展。③符合花剑项目灵敏素质发展的特性。

④注重反馈。在整个训练过程中，运动员提供主观或者客观的反馈是非常重要的。客观的反馈可以是时间的记录和视频资料的分析，而主观反馈可以包括运动员对训练概念的理解等。⑤关注运动员的动机。要发展灵敏素质，运动员必须有强烈的自主能动性。

3.5.4.2 男子花剑项目灵敏训练相关变量

当把灵敏训练纳入年度训练计划后，应该考虑一些训练的变量控制。①密度。训练的密度是在给定的时间内完成一定的训练，密度指的是一组或一系列灵敏训练的运动间隔时间的比率。②持续时间和距离。一项运动的持续时间或者移动距离决定了生物能量的供能方式，并决定了明确质量的目标。③练习顺序。练习顺序是指具体完成某项训练任务时需要遵循的训练顺序。灵敏训练对机体的代谢水平、神经肌肉活动以及协调性的要求较高，因此安排训练应该在运动员的疲劳程度不高时进行，最理想的安排是在动力性的热身后，运动员还未出现疲劳的情况下。④强度。当运动员进行灵敏训练时，强度经常被量化为有关最大反应速度或移动速度。强度（米 / 秒）= 距离（米）/ 时间（秒），根据这一公式，如果一名运动员跑 100 米用时 22 秒，那么他拥有一个 4.5 米 / 秒的强度。制订训练计划时，教练员可根据运动员在规定距离内的最短时间来确定一个强度范围。如果运动员 100 米的最快速度为 22 秒，那么他的最大强度的 90% 应该为 4.5 米 / 秒 ×0.90=4.05 米 / 秒。⑤休息间歇。过度重复设置休息间歇会显著影响运动员的生理压力和灵敏训练课的训练成果。普利斯卡认为灵敏训练的最佳方式为：以快速的短程训练与频繁的休息间隔（2 ~ 3 分钟）相结合，训练与休息之间的比例为 1 ∶ 12 ~ 1 ∶ 20。进行这类训练需要注意重复练习的方式，要求每次练习的时间较短、强度高、负荷量较低且必须保证足够的休息时间来恢复，这样才能使运动员的灵敏素质得到较好的发展。

3.5.4.3 男子花剑项目灵敏素质的周期训练

实施灵敏素质训练计划的关键是确保对训练因素进行整合，使得运动员达到训练目标。必须建立年度训练计划，然后将其分为大周期和小周期训练。

3.5.4.3.1 男子花剑项目灵敏素质年度训练计划

要想制订灵敏素质的训练计划，首先要制订年度训练计划。如前文中提到的，在制订中国男子花剑队备战伦敦奥运年度计划时，要参考男子花剑的项目特点、项目的重要比赛日期、过渡阶段以及运动员个人准备等关键信息。中国男子花剑队运动员的备战伦敦奥运年度计划采用三周期模型，其中主要有三个高峰期：第一个高峰在 2011 年 11 月世锦赛赛季，第二个高峰在 2012 年 2 月的世界杯赛季，第三个高峰在 2012 年 7 月的奥运会赛季。这种结构划分为三个不同的大周期，由过渡期相互隔开。

将运动员的体能训练计划按照训练重点划分出不同的训练板块。根据不同的训练阶段将运动员各能力的发展结构化。

3.5.4.3.2　男子花剑项目灵敏素质大周期训练计划

进行年度训练计划阶段结构化时，教练员必须确定每个阶段的目标。表 11 给出了男子花剑运动员年度训练计划每个阶段的训练重点，在一般准备阶段，无氧耐力和一般力量的发展处于次要地位，而灵敏素质的发展在一般准备阶段和专项准备阶段属于重点。为了完成训练目标，灵敏素质在两个阶段可以采用间歇训练方法。每个大周期通过不同频率和训练密度区分训练内容。第一个大周期训练重点是有氧耐力和灵敏素质，而其次的重点是一般力量、速度和无氧耐力的训练；第二个大周期，随着有氧耐力训练的强度和频率降低，灵敏素质和专项力量训练强度及频率的增加，训练重点也发生了变化；当进入第三个大周期时，力量训练的强度和频率增加，而速度和灵敏素质训练减少。

3.5.4.3.3　男子花剑项目灵敏素质小周期训练计划

在大周期的总体特征建立后，就可以形成具体的小周期，而决定一个小周期结构的主要因素之一就是疲劳控制。由于深度疲劳会影响运动员速度和灵敏训练效果以及技术的正确使用，因此对疲劳的控制是非常重要的。前面对花剑项目的分析揭示了花剑是以无氧、有氧协同供能，并以 ATP-CP 为关键供能的特点，但由于运动员在比赛中得不到充分的休息，一直需要保持一定时间的激烈活动，这需要运动员具备很强的反复进行快速攻防转换的灵敏耐力。

3.5.4.3.4　男子花剑项目灵敏素质训练课训练计划

男子花剑运动员体能训练课内容一般分为：讲解部分、准备活动部分、主体部分、放松部分。训练课的时间长度取决于众多因素，但训练课一般持续时间为 2 小时左右。（表 12）

表 11 男子花剑运动员年度训练计划阶段的重点举例

重点	年度训练计划阶段		
	一般准备	专项准备	比　赛
第一重点	有氧耐力	无氧耐力	专项耐力
	灵敏素质	专项力量	专项力量
	有氧耐力	灵敏素质	战术
第二重点	一般力量	速度	灵敏素质
第三重点	速度	有氧耐力	一般力量
	无氧耐力	一般力量	速度

表 12 2 小时的训练课中各部分持续的时间（单位：分钟）

训练课的组成部分	五段式训练课	四段式训练课
讲解部分	5	
准备活动部分	30	30
主体部分	65	70
放松部分	20	20
总时间	120	120

组织训练课时，灵敏训练可安排在训练课早期进行，那时运动员尚未产生疲劳感。在训练课中可通过较长时间的休息间隔来保证减轻潜在的疲劳。在人体疲劳感最低时，新的技能和刺激是最容易习得的。也可以安排在快速力量训练之后进行，并设计具有间歇性特点的灵敏耐力训练。花剑比赛要求运动员一天内进行多场比赛，这需要运动员在一场比赛后，能充分恢复体力和进行能量物质的补充，有氧供能系统补充 ATP 和 CP，加速体内乳酸的消除，其有氧代谢能力越强，恢复越快，比赛能力越强。因此，根据花剑项目竞赛特点，必须加强运动员的灵敏耐力训练。

在训练课中要重视准备活动，准备活动应该包括一般的准备活动和专项运动特有的准备活动。运动员应避免在训练课的准备活动部分进行静态拉伸，这个时间进行静态拉伸会削弱运动能力。放松部分是另一个容易被忽视的部分，它能影响整体的训练效果。训练课的放松部分可以让身体恢复到原来的稳定状态并启动恢复过程。运用得当，放松部分会是训练课的一个非常有效的部分。（表 13）

表 13　灵敏素质的训练模式

训练组成部分	时间（分钟）	目标
准备活动	10 ~ 20	让运动员做好训练准备
灵敏素质训练	45 ~ 60	发展和完善灵敏素质
其他身体训练	30 ~ 45	根据每天训练计划发展专项能力
放松	10 ~ 20	开始恢复

3.5.4.4　男子花剑运动员灵敏素质训练方法

在花剑竞赛过程中，运动员受感知和决策因素的影响，需要快速对外界的突然刺激进行感知并做出应答，迅速调整自身的身体姿势，敏捷地做出有效的反应，这也是灵敏素质综合作用的结果。（图 23）

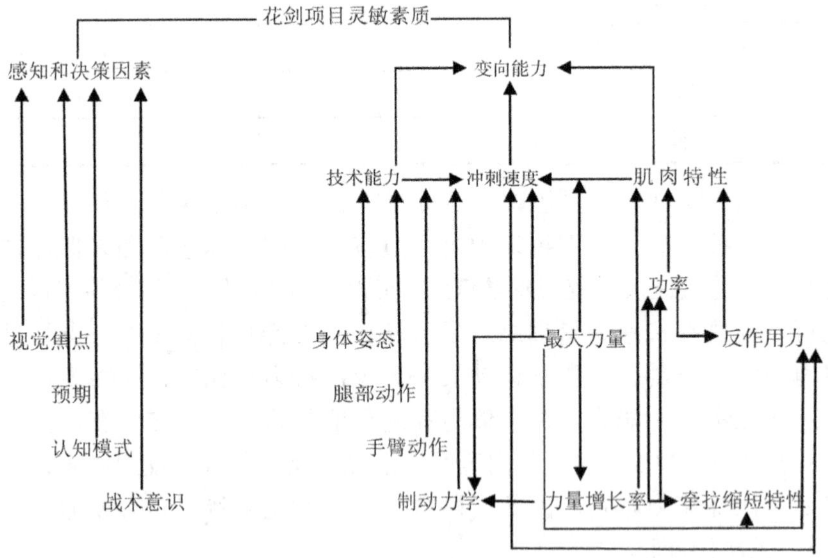

图 23　影响花剑项目灵敏素质的因素模式

花剑运动员的灵敏素质也受运动员变向能力的影响，而变向能力又受运动员自身技术动作、冲刺速度和肌肉特性的影响。腿部和手臂动作以及制动动作都会影响运动员运动中的灵敏素质。变向能力的一个关键子能力是承受高强度离心力量的能力，尤其是在减速时。发展运动员承受制动所产生的离心负荷的能力与肌肉力量和变向时采用的技术有关，建议运动员在触地时用脚跟先着地过渡到全脚掌着地，这样可以扩大与地面的接触面积，从而可以充分利用整个下肢部位减少离心负荷。冲刺速度和肌肉特性都与运动员的变向能力息息相关，在发展男子花剑运动员的灵敏素质时，这些因素都必须考虑。

3.5.4.4.1 男子花剑运动员平衡能力训练方法

从前文分析了解到花剑运动员的平衡能力对灵敏素质会产生一定的影响，且中国男子花剑运动员左右和前后的平衡能力均处于不均衡的状态。平衡能力对于花剑运动员的灵敏素质和整体运动表现是很重要的。因此，发展花剑运动员灵敏素质必须提高和改善运动员的平衡能力。一个牢固的底部支撑，有利于运动员正确处理脚踝、膝盖、臀部与身体躯干之间的关系，身体各部分之间应该形成一个均衡的角度，以便使运动员能操纵自己的平衡阈。花剑运动员良好的身体姿势对平衡能力的影响是很大的，它通常是由好的核心稳定性产生的，而好的核心稳定性又是由能够稳定臀部和胸部的腹直肌和其他许多肌肉之间协调收缩形成的。运动员要像有效地处理信息那样有效地完成动作，主要依靠运动员的视觉输入。核心稳定性是头部坚实的基础，头部要与躯干协调一致，这样可以为眼睛获得可靠的信息以作为反馈系统有利的补充，从而创造一种稳定的持续的环境。一旦躯干稳定，正确的姿势就要依运动和形式而定。对于花剑项目从静态姿势起动来说，运动员应该臀部后坐，腰部要稍微向前倾斜，这样可以使胸部和肩部正好在膝部的上方，运动员应该用脚前掌和脚趾内侧支持体重，身体躯干要与胫骨平行。

平衡能力训练方法主要是提高运动员身体平衡和协调能力，包括徒手练习、负重练习、器械练习等。应遵循的训练原则是：支撑面积由大变小，稳定极限由大变小，从静态平衡到动态平衡，逐渐增加训练的复杂性，从睁眼到闭眼，因人而异，循序渐进。

（1）徒手练习：如单腿平衡、单腿平衡加摆动腿任意摆动、闭眼单腿平衡、交叉步练习、左右单腿跳跃落地平衡等。

（2）负重练习：可在徒手练习基础上适当增加负荷。

（3）器械练习：如站立平衡盘、坐立或跪立平衡球以及站立平衡盘双人相互对传接球等，或利用振动训练器、悬吊器械等。

3.5.4.4.2　男子花剑运动员灵敏素质训练方法

灵敏素质训练方法有：标志物跑、变向跑、绳梯练习、多边形跳跃、小栏架练习、听或看信号跑等。

（1）标志物跑：不同形式、方向的绕标志物跑，根据教练员的要求可采用前进、侧行、后退和旋转等不同变化，密切结合专项。（图 24）

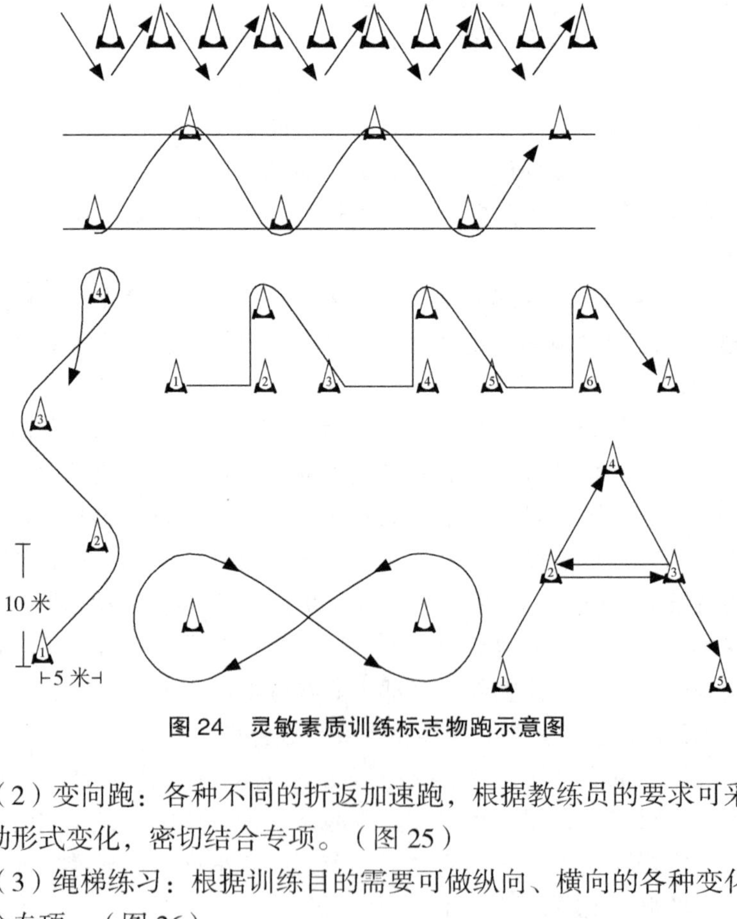

图 24　灵敏素质训练标志物跑示意图

（2）变向跑：各种不同的折返加速跑，根据教练员的要求可采用不同跑动形式变化，密切结合专项。（图 25）

（3）绳梯练习：根据训练目的需要可做纵向、横向的各种变化，密切结合专项。（图 26）

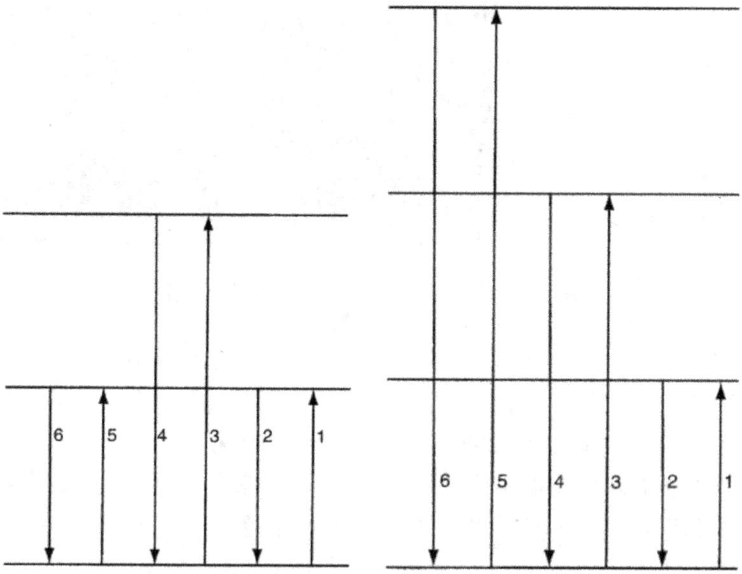

图 25　灵敏素质训练变向跑示意图

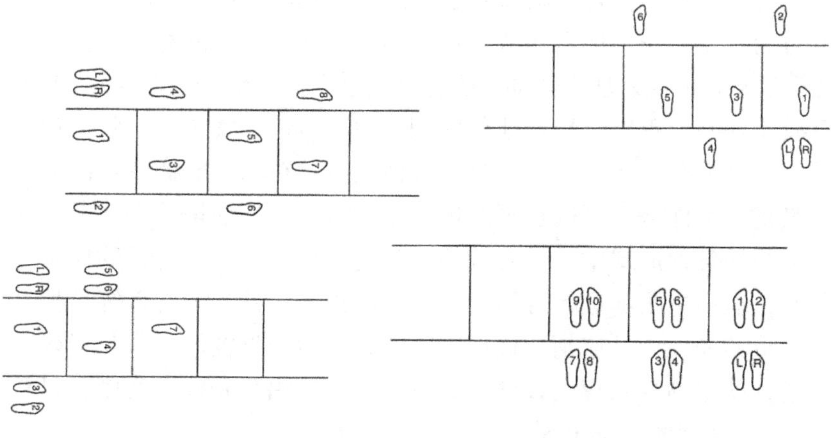

图 26　灵敏素质训练绳梯练习示意图

（4）多边形跳跃：根据训练目的需要可做单腿、双腿和不同方向、形式的各种变化，密切结合专项。（图 27）

（5）小栏架练习：根据训练目的需要可做单腿、双腿不同方向和形式的各种跑动和跳跃练习，密切结合专项。

注：可将以上五种练习组合起来进行训练。

图 27　灵敏素质训练多边形跳跃示意图

（6）听或看信号练习：可根据训练需要，听或看信号进行专项步法和刺靶等练习。

3.5.4.4.3　男子花剑运动员灵敏耐力训练方法

（1）利用健身操训练方法进行灵敏耐力训练。从前文测试结果可知，花剑项目运动员在比赛中的最高心率在 190 次 / 分以上，整场比赛的平均心率亦在 160 次 / 分以上。在花剑运动员灵敏训练中可安排健身操的训练，以提高运动员灵敏耐力。健身操的编排可密切结合花剑专项特征和供能特点，内容符合运动员脚下步法的移动、专项弓步的技术以及手臂发力的特点。花剑项目的节奏在比赛中非常重要，健身操不仅能有效地提高运动员的灵敏协调素质，还能很好地培养运动员的节奏感。此外，健身操能在一定程度上培养他们的表现力、激情和气势。击剑运动员在运动场上是需要气势的，由于是对抗性项目，在场上能拥有自己的气场和霸气是一种优势，可以在平时训练中有意识地逐渐培养和提高。在健身操训练的各种形式中，最有效的方法之一是教练员在音乐的伴奏下带领跳操，运动员跟随进行练习，动作可以预先设计，同时教练员根据现场运动员的表现和反应情况做即时的调整。运动强度的大小与音乐节奏的快慢，动作的复杂程度，动作完成的力度、幅度和标准程度，以及运动员的表现情绪等因素相关。

一次国际性击剑比赛往往持续 9 ~ 11 小时，比赛仅占总时间的 18% 左右，每场比赛真正对抗的时间为 17 ~ 49 分钟。每场比赛中，击剑运动员的运动距离为 250 ~ 1000 米。每一战术动作的持续时间短（<1 秒），但强度很高，也可能持续超过 60 秒。平均而言，每一次交锋，花剑用时约为 5 秒，交锋和中断的比率，男子花剑为 1 ∶ 3。交锋越频繁、中断越少，运动员心率在高水平上持续的时间越长。在平时训练时，将运动员训练

心率与真实比赛心率进行比较能反映训练的相对强度。在健身操训练中，可让主力队员佩戴心率表，监测健身操训练中运动员完成动作质量和负荷强度的变化。因此，健身操训练应在音乐的指引下，练习 30 ~ 60 分钟，精心设计训练内容，与专项动作和比赛强度相适应，所有的训练都围绕着为提高专项能力服务。

（2）利用灵敏训练仪器进行灵敏耐力训练。“王卫星灵敏训练仪”根据击剑项目的需求，利用视觉信号和声音信号等信号刺激，让运动员做出相应的反应动作，并根据随机信号迅速做出选择、判断及快速移动，紧密结合花剑步法移动和专项技术需求进行训练，能有效提高花剑运动员的灵敏速度和灵敏耐力水平。“王卫星灵敏训练仪”共有 8 个方向的视觉刺激信号和 2 个声音（高频和低频）刺激信号。在训练和测试时，可根据专项需求及训练目的，有针对性地设置不同的训练刺激信号，并规定不同的反应动作方式和技术要求，选择不同信号的时间间隔，以发展运动员的灵敏素质和专项灵敏耐力。（图 28）

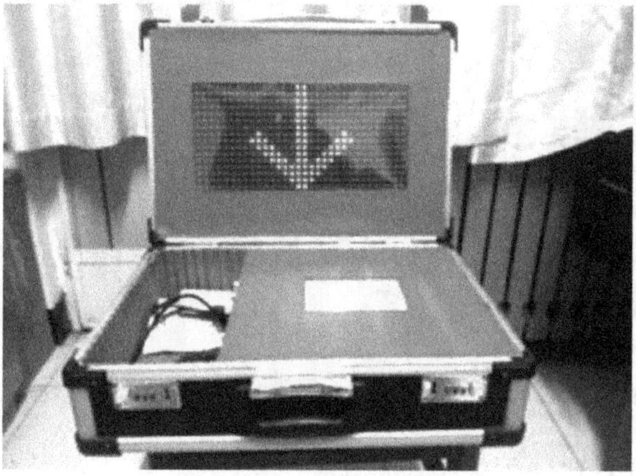

图 28　王卫星灵敏训练仪

在花剑运动员专项灵敏训练中，根据花剑项目的比赛和能量代谢需求，可设置 2 ~ 8 个不同方向或声音信号，每两个信号的间隔约为 5 秒，每个方向移动的距离为 5 ~ 10 米，持续时间为 1 ~ 3 分钟，练习 3 组为一大组，可练习 2 ~ 3 大组。小组间歇 2 ~ 3 分钟，大组间歇约 5 分钟。在花剑专项灵敏训练时，要求运动员站在剑道中央，眼睛注视“王卫星灵敏训练仪”，依照信号指示的方向采取指定步法和动作方式，然后迅速回到起始位置，等待下一次信号的出现。

“王卫星灵敏训练仪”共有15个运动级别，每个级别有10个随机信号。信号选用从5秒间隔开始，一直持续递升至间隔时间为2.2秒，级别不再增加，时间不再减少，但运动员可以持续运动，直至无法跟上信号变换节奏。

3.5.4.4.4　中国男子花剑队运动员灵敏素质训练方法实例

（1）原地转腰：单腿站立，另一条腿屈膝，保持平衡，左右转动腰部到最大幅度。（图29）

作用与意义：主要发展运动员平衡能力。

图29　原地转腰

（2）行进间转髋前进：一条腿向前迈进，另一条腿屈膝抬起，由内向外摆动，将髋转到最大幅度，保持身体稳定，然后换另一条腿前进。（图30）

作用与意义：主要发展运动员平衡能力和髋关节灵活性。

（3）行进间抬膝跳：向前迈步，单腿向上迅速抬膝，抬膝速度要快，同时勾脚尖，双手可上举，也可放在膝关节处，两腿交替进行。（图31）

作用与意义：主要发展运动员快速抬腿和平衡能力。

图 30 行进间转髋前进

图 31 行进间抬膝跳

（4）原地侧弓步：双手上举交叉，肩打开，侧弓步到位，下侧弓步速度要快，到位后保持 3 秒，两腿交替进行。（图 32）

作用与意义：主要发展运动员身体稳定性和大腿肌群快速收缩力量。

（5）原地侧弓步接抬腿交叉落地：形成侧弓步后，弯曲腿抬腿回收，速度要快，抬起腿交叉落地于异侧，两腿同时弯曲 90° ，单腿跪地。（图 33）

作用与意义：主要发展运动员身体稳定性、髋关节灵活性和大腿肌群快速收缩力量。

图 32　原地侧弓步

图 33　原地侧弓步接抬腿交叉落地

（6）行进间后退屈腿弓步：双手上举，双肩打开，上体直立，向后撤腿下蹲至前腿大腿与地面平行，膝关节不超过脚尖，后腿大腿与地面

垂直，连续后退。（图 34）

作用与意义：主要发展运动员身体平衡能力和稳定膝关节肌群的功能性力量。

（7）单腿三方向平衡支撑：一条腿向前、向侧、向后抬起，另一条腿做屈腿平衡支撑，支撑腿大腿尽量与地面平行，膝关节不超过脚尖。（图 35）

作用与意义：主要发展运动员身体平衡能力和稳定躯干、膝关节、踝关节肌群的功能性力量。

图 34 行进间后退屈腿弓步

图 35 单腿三方向平衡支撑

（8）脚下各种快速移动练习：双腿快速依次交换或交叉交换等。（图 36）

作用与意义：主要发展运动员脚下灵活性。

图 36　脚下各种快速移动练习

（9）双人配合对抗用力练习：两人面对面分腿屈膝站立，保持屈膝姿势快步侧行，同时根据对手和自身的情况双手推掌向对方发力对抗，也可采用单腿跳进行练习。（图 37）

作用与意义：主要发展运动员灵敏反应和上肢肌群对抗能力。

图 37　双人配合对抗用力练习

图 38　关节组合练习

（10）关节组合练习：背靠平衡球，双臂屈肘交叉于胸前，双手触肩，屈膝，臀部后坐，膝关节不超过脚尖，可采用静力支撑或下蹲进行练习，可选择单腿或双腿完成。（图 38）

作用与意义：主要发展运动员身体平衡能力和稳定躯干、膝关节、踝关节肌群的功能性力量。

3.5.5　男子花剑项目快速力量训练方法研究

击剑运动需要运动员短时间发挥肌肉的快速力量（起动力量、爆发力、反应力量、制动力量）。由于快速力量是力量与速度结合在一起的一种特殊的力量能力，所以最大力量和速度的变化对其影响较大。运动员对大负荷力量训练和快速力量训练产生不同的适应。实施一个注重采用大负荷的力量训练项目有可能改变力量－速度曲线中力量较大的部分（图 39），而进行爆发性快速力量训练则会改变速度－力量曲线中的最高速度部分（图 40）。花剑运动所需要的力量正是爆发性的快速力量。

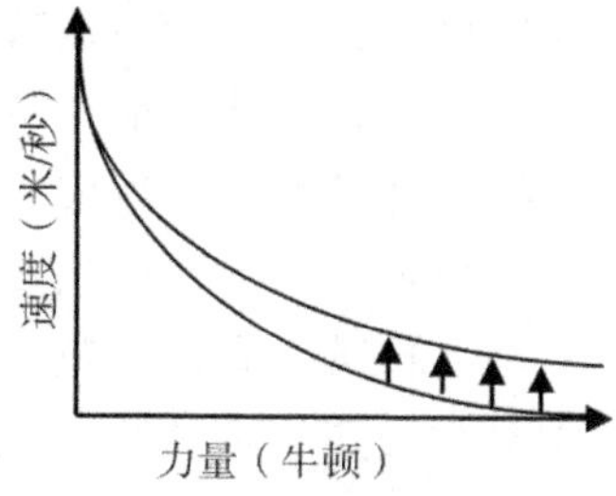

图 39　大负荷力量训练的力量－速度理论变化曲线

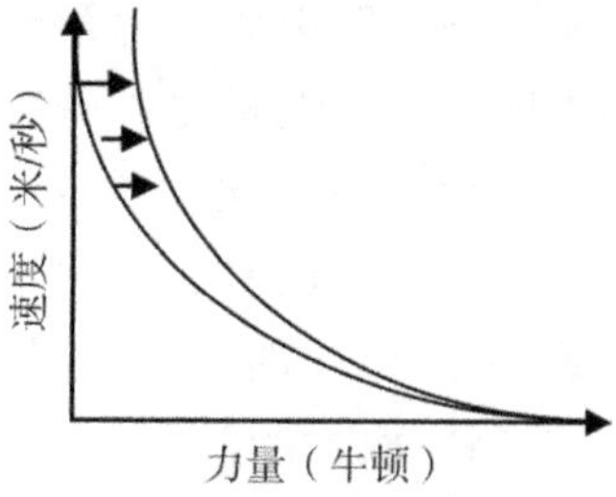

图 40　爆发性力量训练的力量－速度理论变化曲线

3.5.5.1 男子花剑项目快速力量素质训练变量的调控

有效的肌肉训练体系需要在周期训练模式中考虑多种训练因素，需要理性分析训练量和训练强度，从而优化训练计划。在早期，即准备期，可以安排大运动量、低强度训练，以使专项训练最小化。随着比赛的临近，运动员应减少训练量，增加训练强度以加强专项训练强度。除训练量和训练强度，其他与训练有关的，如训练频率、训练顺序、训练休息间隔及训练内容的选择都非常重要。训练量可认为是做功的总量，包括总的训练时间，某次训练课、某个训练时段或每年所举重量的千克数以及所完成的组数和重复次数。训练强度与训练所采用的重量或阻力有关。一节训练课的训练强度可以通过已完成的训练量除以总重复次数计算。确定训练强度可采用 1RM 的百分比来表示。（表 14）

表 14　力量训练的强度区域

强度区域	训练负荷	强度（% 1RM）	肌肉动作
1	超最大	> 100%	超负荷离心、等长收缩
2	最大	90% ~ 100%（不含）	向心收缩
3	大	80% ~ 90%（不含）	向心收缩
4	中等	70% ~ 80%（不含）	向心收缩
5	低	50% ~ 70%（不含）	向心收缩
6	很低	30% ~ 50%（不含）	向心收缩

重复次数通常由所采用的负荷量来决定。负荷量越大，重复次数越少。在确定不同百分比负荷量的 1RM 下的重复次数时，应考虑运动员的身体机能状态、肌肉群和力量训练模式等因素。采用重复训练法会引起特定的生理适应。低重复次数（1 ~ 6 次）训练有利于发展运动员最大肌肉力量，较高重复次数（ > 10 次）训练更适合发展肌肉耐力。当重复次数为 10 ~ 15 次时，有助于运动员提高短时间、高强度耐力；而当重复次数多于 20 次时，则有助于运动员发展长时间、低强度耐力。花剑项目发展快速力量最好采用适当的重复次数，重复次数应根据训练阶段的目标及采用的训练模式来确定。（表 15）

一般而言，一组训练是由一系列持续的重复动作加上紧接的休息时间间隔所构成的。Peterson 和 Rhea 的研究表明，单组训练不利于力量的发展，而优化力量的发展最少需要 3 组训练，4 ~ 8 组能获得最大适应。在传统的组训练结构中，每一次重复都会导致重复的速度、功率和质量的下降。若在每一次重复训练之间增加 10 秒左右短暂休息时间，则有利于运动员身体机能状态的恢复，这种模式称为组块训练模式。在花剑队的快速力量训练中，采用爆发性的组块训练模式训练效果明显。不管组数如何构建，训练阶段将决定训练组数的结构。如随着比赛期的临近，训练的次数和组数都会有所变化，以便于运动员的身体机能状态得到恢复，并集中精力于技术和战术的训练。快速力量训练时组间休息时间必须足够长，才能有利于疲劳物质的消除和 ATP–CP 系统的恢复。训练频率通常用来衡量特定肌肉群每周训练的次数或运动员全身训练的次数。最佳的训练频率是由很多因素决定的，如训练的状态、周期训练计划的不同阶段及运动员的目标等都会影响训练频率。

表 15　负荷与重复次数的关系

1RM 的百分比	重复次数
100%	1
95%	2 ~ 3
90%	4
85%	6
80%	8 ~ 10
75%	10 ~ 12
70%	15
65%	20 ~ 25
60%	25
50%	40 ~ 50
40%	80 ~ 100
30%	100 ~ 150

3.5.5.2　男子花剑项目快速力量素质训练方案的实施

训练过程中的持续监控是实施快速力量训练方案不可或缺的部分。首先确定训练目标；然后确定训练阶段，每一个阶段做到最大化提高训练效果；最后要确定运动员的需求。考虑训练计划各个组成部分的特点，必须将快速力量训练与灵敏训练、技战术训练作为训练整体单元。在训练计划中选择最合适的练习方式，制订力量训练方案并记录训练日志。

3.5.5.3　男子花剑项目快速力量素质训练方法分类

传统的力量训练方法最初是根据负荷分类的，除追求肌肉增大和可能的增生外，还有其他提高最大力量和快速力量的方法。此时，神经系统对于训练刺激的适应起着重要作用。另外，提高快速力量的有效方法是提高肌肉内部的协调性。下面是国家男子花剑队提高快速力量的一些方法分类。

3.5.5.3.1　提高最大力量的方法

提高最大力量的方法主要有持续负荷法、逐步增加负荷法、广泛施压法、集中施压法和等动训练法，其训练效果主要是提高肌肉的质量。这些方法的特点是多组多次重复最大负荷（60% ~ 80%）。持续负荷法采用 80% 的负荷练习，3 ~ 5 组，每组 8 ~ 10 次的重复，组间休息 3 分钟。逐步增加负荷法，按上述方式练习的组数和重复的次数逐步减少，通常没有外力帮助下难以完成最后一次重复为止。这种情况需保护者提供轻微的帮助。广泛施压法的目的在于使肌组织能量源物质广泛耗竭，而集中施压法的目的是集中使快速收缩纤维能量源物质耗竭。等动训练法只能通过专门的设备完成，这种设备能对每个关节角度提供可调节性阻力，从而形成一种连续性的外部运动速度。根据不同种类的器械，可以完成向心或离心运动。所有等动训练法的特点都是长时间的刺激和低速率运动。在花剑这种快速力量型项目中，等动训练法和其他最大力量的训练方法一般用于训练准备期。（表 16）

3.5.5.3.2　提高力的效率的训练方法

提高力的效率的训练方法在形成神经肌肉适应的同时，只产生最小的肌肉增大效应。最佳适应出现在 6 ~ 8 周的训练后，每周 3 ~ 4 个训练单元。这些方法能促进力提高率（RFD），提高神经元的兴奋度，同时也能更有效地发挥已有肌肉的潜力，而较少增加肌肉质量或体重。这些方法的主要特点是以短时间的高速最大动作克服最大负荷，如克服超最大负荷的离心动作。这些训练方法强调神经元的输出，因此，训练时应该强调尽可能快地完成动作。（表 17）

表 16 提高最大力量的方法

练习方式	持续负荷法	逐步增加负荷法	广泛施压法	集中施压法	等动训练法
向心运动	√	√	√	√	√
离心运动					√
负荷强度	80%	70%，80%，85%，90%	60% ~ 70%	85% ~ 95%	70%
重复次数（次）	8 ~ 10	12，10，7，5	15 ~ 20	5 ~ 8	15
练习组数（组）	3 ~ 5	1，2，3，4	3 ~ 5	3 ~ 5	3
休息间歇(分钟)	3	2	2	3	3

表 17 提高力的效率的训练方法

练习方式	接近最大用力	最大向心用力	最大离心用力	向心－离心最大用力
向心运动	√	√		√
离心运动			√	√
负荷强度	90%，95%，97%，100%	100%	< 150%	70% ~ 90%
重复次数（次）	3，1，1，1+1	1	5	6 ~ 8
练习组数（组）	1，2，3，4+5	5	3	3 ~ 5
休息间歇(分钟)	3 ~ 5	3 ~ 5	3	5

3.5.5.3.3 快速伸缩复合训练方法

快速伸缩复合训练高速度、高肌力的特点，使其成为训练的重要组成部分，也是提高灵敏和快速力量素质的重要手段。快速伸缩复合训练有效应用的先决条件是协调、平衡、身体控制和意识。核心区控制力和核心区力量对于运动中保持良好的动态姿势也是极其重要的。所有快速伸缩复合训练方法的主要目的，都是改善神经系统的适应性，因此这种方法通常是从静止状态开始的。快速伸缩复合训练方法有专项分解动作练习、核心力量练习、跳跃练习和上肢练习等，跳跃练习又分为原地连续跳跃、立定跳跃、多级跳跃、跨步跳跃、跳箱跳跃、跳深跳跃等。

国家男子花剑队快速伸缩复合训练方法实例如下。

（1）跳绳：基本的双足跳，进行若干组，每组 50 次、80 次、100 次递进，也可单摇与双摇结合。

（2）多方向跳：向前、向左、向右、向后跳，随后重复，触地时间要短。

（3）跳并固定：向远跳并落地，踝、膝、髋屈曲。保持落地姿势，计数 5 次。

（4）单足跳并固定：与上面的练习相同，只是蹬地和落地用同一条腿。

（5）跳栏：双足起跳和落地，然后跳起越过下一栏。

（6）下蹲跳：快速下蹲，尽可能高地跳起。手臂不要动，把手放在髋部以迫使踝、膝、髋 3 个关节伸展。

（7）双腿跳：尽力向远跳，连续重复该动作直至完成规定数量的跳跃，强调快速蹬地。

（8）弹力带跳：用一根弹力带拉住肩膀两侧，动作与下蹲跳相同。弹力带应牢牢固定于地面或重物上，或由一名同伴踩住，以提供持续的阻力，强调起跳动作中的离心收缩部分。

（9）踏步跳：开始由一只脚向前踏步，另一只脚跟进，双脚向前踏步，利用双手摆动尽可能高地向上跳。

（10）垂直跳：利用摆臂带动，尽可能向上跳至最大高度，连续跳跃，触地时间要短。

3.5.5.3.4　其他快速力量训练的方法

其他快速力量训练的方法有：①利用障碍跳跃的训练方法；②利用阻力带的训练方法；③利用药球的辅助训练方法；④跳深辅助训练方法；⑤核心区力量辅助训练方法；⑥利用平衡球和平衡盘等不稳定器械进行快速力量训练，强调躯干和各关节周围小肌群的稳定。

尽管快速力量训练方法有多种，但所有的训练方法和手段都必须与专项技术特点密切结合，并强调快速力量训练中运动员动作完成的质量。

3.5.5.4　中国男子花剑队运动员快速力量训练方法实例

（1）屈腿蹬地跑：单腿屈腿蹬地向前跨步，空中双腿尽量蹬直，动作流畅，上体保持稳定。（图 41）

作用与意义：主要发展运动员腿部肌群快速力量能力。

图 41 屈腿蹬地跑

（2）展身收腹跳：身体经下蹲向后伸展，随后迅速收腹向前做双腿跳跃，双手经下向上画弧，配合收腹，动作连贯且连续进行。（图 42）

作用与意义：主要发展运动员躯干肌群快速力量能力。

图 42 展身收腹跳

（3）后退蹬地跑：双腿屈腿准备，向后蹬地跑动，保持动作连续连贯，身体稳定。（图 43）

作用与意义：主要发展运动员腿部肌群快速力量能力。

图 43　后退蹬地跑

（4）利用跳箱的各种变换跳跃练习：如单腿依次跳上跳箱再还原等。（图 44）

作用与意义：主要发展运动员腿部肌群快速力量能力。

（5）双人配合传实心球 1：保持上体稳定，分腿屈膝，利用爆发力将球传出。双手传球也可以在侧行移动中进行；单手传球时，双腿屈膝分开，旋转躯干，蹬地转体将球抛出。也可脚下加入平衡盘等不稳定器械，加强躯干和各关节周围小肌群稳定的同时提高快速力量。（图 45）

作用与意义：主要发展运动员躯干和上肢肌群快速力量能力，稳定躯干、膝关节、踝关节肌群的功能性力量。

（6）双人配合传实心球 2：运动员站立接球后立即下蹲后躺，接着还原站立，将球迅

图 44　利用跳箱的各种变换跳跃练习

速传出。（图 46）

作用与意义：主要发展运动员身体灵活性和上肢肌群快速力量能力。

图 45 双人配合传实心球 1

图 46 双人配合传实心球 2

（7）腿弹实心球练习：将实心球放置大腿根部，通过大腿向前上方的爆发力将球迅速弹出。（图 47）

作用与意义：主要发展运动员大腿肌群快速力量能力。

图 47　腿弹实心球练习

（8）站姿双手实心球砸地：高举实心球，展腹，以最快的速度将球砸向地面。（图 48）

作用与意义：主要发展运动员躯干肌群快速力量能力。

（9）上肢快速伸缩复合训练：运动员于仰卧位伸双手接落球后，屈臂迅速将球抛出。（图 49）

作用与意义：主要发展运动员上肢肌群快速力量能力。

（10）单臂负重转体展胸：双腿分开微屈，单臂手持哑铃，向斜后方撤同侧腿，成小弓步，快速向持铃臂方向转体 90°，展胸展臂。（图 50）

作用与意义：主要发展运动员上肢肌群快速力量能力。

图 48　站姿双手实心球砸地

图 49 上肢快速伸缩复合训练

图 50 单臂负重转体展胸

（11）单臂负重弓步上举：单臂手持哑铃前举，快速成弓步，同时负重手臂上举。（图 51）

作用与意义：主要发展运动员上肢和下肢肌群快速力量能力。

图 51　单臂负重弓步上举

（12）单臂负重弓步侧举：单臂手持哑铃前举，快速成弓步，同时负重手臂侧举。（图 52）

作用与意义：主要发展运动员上肢和下肢肌群快速力量能力。

图 52　单臂负重弓步侧举

（13）单臂负重成燕式平衡：单臂手持哑铃，双臂侧举同时成燕式平衡，保持 3 秒后还原。也可脚下加入平衡盘等不稳定器械，加强躯干和各关节周围小肌群稳定的同时提高快速力量。（图 53）

作用与意义：主要发展运动员上肢肌群快速力量和平衡能力，以及稳定躯干、膝关节、踝关节肌群的功能性力量。

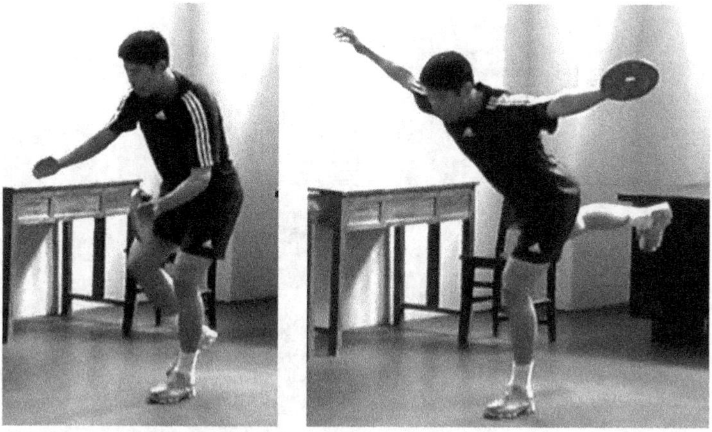

图 53　单臂负重成燕式平衡

（14）负重转体：双手负重在前举的位置半蹲，身体稳定左右转动，转到最大限度后快速回起始位置，腰要立直。（图 54）

作用与意义：主要发展运动员上肢和躯干肌群快速力量能力。

图 54　负重转体

（15）负重体前屈接弓步上举：双手负重体前屈向前接大弓步，左右腿交替进行，双手经胸前至上举，上举和成弓步的速度要快，注意核心的稳定。（图 55）

作用与意义：主要发展运动员上下肢肌群快速力量能力。

图 55　负重体前屈接弓步上举

（16）负重交换侧弓步：并步直立，双手持重物，双臂上举，一条腿屈膝抬起，然后向同侧跨出伸直，成侧弓步，双手下落至胸前，上举和成弓步的速度要快，左右腿交替进行，上体要立直。（图 56）

作用与意义：主要发展运动员上下肢肌群快速力量能力。

图 56　负重交换侧弓步

（17）负重转体 90° 弓步跳：双手负重于腹前，转体 90° 左右跳跃成弓步，双手上举，上举和成弓步的速度要快。（图 57）

作用与意义：主要发展运动员上下肢肌群快速力量能力。

图 57 负重转体 90° 弓步跳

（18）负重弓步交换跳：左右交换腿大弓步跳跃，双手负重经胸前上举，前弓步腿脚跟着地，重心平稳，发力速度要快。（图 58）

作用与意义：主要发展运动员上下肢肌群快速力量能力。

图 58 负重弓步交换跳

（19）高翻（成弓步）：起始姿势两脚开立，宽度介于肩宽与髋宽之间，下蹲，髋低于肩，双手握杠铃，握距略宽于肩。用力伸髋、伸膝，将杠铃提离地面，当杠铃高过膝关节后向前顶髋，快速有力地伸髋、伸膝，保持杠铃尽量靠近身体，快速向上耸肩提铃，抬肘，使上臂与地面平行，将杠铃横架在锁骨和三角肌前部之上，双腿平稳成弓步。下降时逐步减少上肢肌肉张力，有控制地将杠铃下降到大腿处。（图 59）

作用与意义：主要发展运动员全身协调用力的快速力量能力。

图 59　高翻（成弓步）

（20）弓步负重蹲：肩后负重，双脚前后开立成弓步，前腿膝关节位于脚的正上方，后腿弯曲，肩和头在一个平面上，保持躯干挺直，下降时控制身体，向上时快速发力。（图 60）

作用与意义：主要发展运动员下肢肌群快速力量能力。

（21）双肩宽蹲：双脚开立至同肩宽，下降时身体平稳有控制，保持躯干挺直，膝关节在脚的正上方，下蹲时挺胸并充分打开，保持脚跟

接触地面，膝关节不要超过脚尖，向上时发力速度要快，切勿躯干前屈或背部弓起。（图 61）

作用与意义：主要发展运动员下肢肌群快速力量能力。

图 60　弓步负重蹲

图 61　双肩宽蹲

（22）前迈弓步蹲：肩后负重，双腿略屈，快速前迈腿成弓步，平稳收回，重心平稳，两腿交换进行。（图 62）

作用与意义：主要发展运动员下肢肌群快速力量能力。

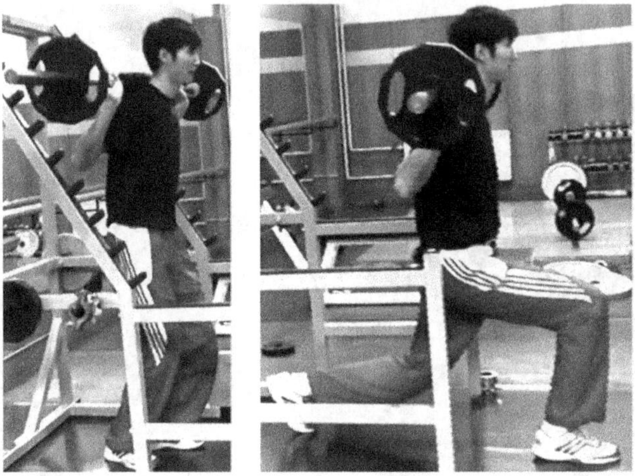

图 62　前迈弓步蹲

（23）俯身提铃：双腿略屈，后背立直，俯身提杠铃，夹肘，迅速将杠铃提起，身体姿势不变，缓慢放铃。（图 63）

作用与意义：主要发展运动员上肢和背部肌群快速力量能力。

图 63　俯身提铃

（24）跪姿单臂划船：持剑臂同侧腿弓步屈，另一侧腿跪立于垫上，持剑臂抓把负重，由直臂快速拉动至屈臂，在手臂回伸的过程中缓慢控制，快收慢回。（图 64）

作用与意义：主要发展运动员上肢和背部肌群快速力量能力和身体的稳定性。

图 64 跪姿单臂划船

（25）非稳定状态下的负重练习：如平衡盘上负重下蹲练习等。（图 65）

作用与意义：主要发展运动员上下肢肌群快速力量能力，提升功能性力量，增强膝关节、踝关节和核心的稳定。

图 65 负重下蹲练习

（26）平衡球负重转体伸臂：后背平躺于平衡球上，屈腿，髋关节与上体成直线，单手负重屈臂，无负重臂直臂，肩在平衡球上滚动，转体，将负重手臂快速伸直后控制 2 秒，同时无负重手屈臂，过程中始终保持身体与髋关节的位置。（图 66）

作用与意义：主要发展运动员上肢肌群快速力量能力和核心稳定性。

图 66　平衡球负重转体伸臂

（27）平衡球平衡提铃：单腿平衡，身体与地面平行，一手触平衡球，一手直臂持哑铃，快速提臂屈肘至最大限度，稍控制后缓慢还原，始终保持身体平衡稳定。（图 67）

作用与意义：主要发展运动员上肢肌群快速力量能力和核心稳定性。

图 67　平衡球平衡提铃

（28）平衡球提臀：双脚或单脚脚跟放置平衡球上，身体成平板状，迅速屈腿拖动平衡球，将髋关节顶到最高点。（图 68）

作用与意义：主要发展运动员下肢和核心区肌群快速力量能力。

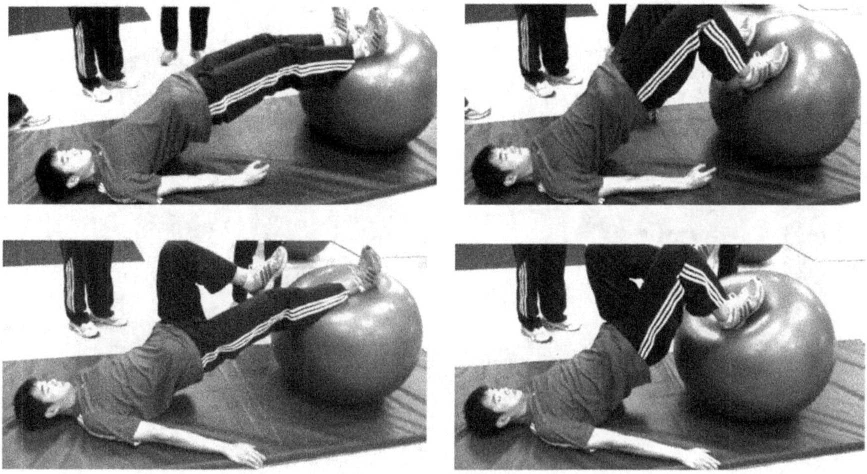

图 68　平衡球提臀

（29）坐姿实心球划船：坐于垫上，双腿微屈抬离地面，双手抓住固定实心球的绳索，身体稳定，利用躯干转动的力量，快速将实心球左右摆动。（图 69）

作用与意义：主要发展运动员躯干肌群旋转快速力量能力。

图 69　坐姿实心球划船

（30）站姿左右摆动实心球：直立，双腿微屈，双手抓住固定实心球的绳索，躯干稳定，利用旋转的力量让实心球迅速左右摆动。（图 70）

作用与意义：主要发展运动员躯干肌群旋转快速力量能力。

图 70　站姿左右摆动实心球

3.5.5.5　核心区力量辅助训练方法实例

（1）单腿背桥画圆：单腿背桥，摆动腿伸直经上向外画圆，回到原位置为一次。

（2）单腿背桥内收：单腿背桥，摆动腿屈腿，勾脚尖外摆至与地面平行，然后以最快的速度内收，外摆速度要有控制。

（3）单腿俯桥外展：单腿俯桥，摆动腿屈腿，勾脚尖以最快的速度外摆至水平位置，稍停顿，然后缓慢内收。

（4）单腿俯桥画圆：单腿俯桥，摆动腿伸直经上向外画圆，回到原位置。

（5）仰卧双腿交叉摆动：仰卧，双腿伸直交叉，双腿向两侧摆动经垂直于地面后前后交换重新交叉，双脚始终不落地。

（6）侧桥的静力性练习：如单腿侧桥的静力性练习等。

（7）平衡球成俯撑：上体直立跪在地上，持平衡球置于胸部，保持躯干直立并将球推给搭档或推到墙上，球一出手，立即完成一个俯卧撑，为了使其更具挑战性，同伴应把球还给队友。运动员必须快速做俯卧撑，并还原到开始姿势，搭档再将球抛还，然后重复练习，直到完成规定的次数。

（8）持球单腿交换：右腿单腿站立，左脚抬起，双手持平衡球举于身体右侧，像砍树一样用平衡球向下砍击左脚，然后换左脚支撑，右脚离地。重复这个动作一定次数，然后做相反方向的动作。

（9）持球 8 字绕：用手臂将平衡球置于右肩上方，像砍柴一样带着球在左脚前方停止，还原到站立姿势并将球直线上升至左肩上方，再像砍柴一样把球带到右脚。必须弯曲膝盖来完成这一动作。返回到开始姿势，重复。

（10）持球弓步屈膝下蹲：站立，双脚分开同髋宽，双手抓住实心球置于体前，一腿向前迈，髋关节和膝关节弯曲约 90°，膝关节不超过脚尖，收回腿，回到开始姿势。保持头部和背部正直，肩膀和臀部在任何时候都应保持直立。注意合理的膝关节角度，前膝不超过脚尖，后膝不与地面接触。

（11）持球转体：两脚前后分开站立，同髋宽，手和前臂轻微弯曲持实心球，摆动球到臀部右侧，然后有力地朝前摆动并将球绕到左侧。背部朝相反方向扭转。最大限度地保持正确肌肉用力。

（12）持球侧卧摆动：侧卧，伸展两腿保持平衡，持一平衡球在头部上方，上体向上卷起，之后还原并重复此动作。反方向重复此动作。

（13）仰卧屈膝夹球摆髋：仰卧并抬起弯曲的腿，在两膝之间夹一个平衡球，转动腿到一边，然后回到开始姿势，再转到另一边。

（14）仰卧屈膝持球抬腿：仰卧在地板或长凳上，两膝之间夹一个平衡球，大腿与小腿之间约成 90° 夹角，两臂平放于身体两侧，掌心朝下，然后抬高臀部，脚跟朝向天花板，还原到开始姿势。两腿不要摆动，以预防惯性贯穿于整个练习中。

（15）仰卧单腿两头起：屈膝躺在地板上或长凳上，双手放在头后，肘关节在视线之外，头在中间，让下巴和胸部朝着天花板，收缩腹部，抬高肩部离开地板或长凳，伸展两臂，同时抬高一条腿指向天花板，返回到开始姿势。保持头部和背部在中立位置。过伸或过屈可能造成伤害。为了增加阻力，手持平衡球。为了减少阻力，让头接近躯干。

（16）平板支撑：俯卧，用脚趾和手肘支撑，同时尽量保持身体从脚跟到头部在同一平面。

（17）侧桥：侧卧，用下方手臂的肘部撑起身体，并使身体从头到脚保持在同一平面。练习重点是加强腹内外斜肌和腹横肌的力量。

（18）仰卧直腿提臀起：仰卧，双腿伸直举起，与躯干成 90°，然后臀部提高，头、肩膀和手臂触地。练习重点是锻炼臀部肌肉，帮助维持骨盆稳定。

（19）仰卧屈腿提臀起：仰卧屈膝，两脚着地，然后臀部提高，头、肩膀和手臂触地。

（20）坐姿持器械躯干左右摆动：坐在地板上，屈髋、屈膝约 90°，抓住平衡球或小哑铃左右摆动，同时保持臀部不要随着肩部旋转。当平衡球或小哑铃来回摆动时，应靠近大腿。

（21）肩上杠铃躯干前倾练习：双脚开立与肩同宽，膝关节微屈，角度约为 20°；两臂以与肩相同的宽度抓住杠铃并举于肩上，肩部在杠铃中间保持正直，屈髋，降低杠铃杆到大约膝盖的高度；在整个运动中保持膝关节角度，返回到开始位置。保持背部直立，运动应该发生在髋关节。为了保证这一点，可以让运动员想象准备坐下这个动作，膝盖不超过脚尖。

（22）健身实心球：发展运动员上肢的爆发力和核心力量。运动员成对进行练习，练习胸部传球、单臂传球、侧面传球、头顶传球等动作。热身的时候用轻一些的球，保持上体的直立，要注意在传、接球的时候腿部的用力。在练习有扭曲身体的传球动作之前，练习一些简单的传球动作。

3.5.5.6 不同训练方法的优化组合

以上列举了一些不同的灵敏和快速力量训练的方法。传统的训练方式和功能性训练都有其各自的优缺点，因此，在选择训练方法时，不应顾此失彼。那么，如何将不同的训练方法合理地整合在一起，将相互孤立的不同的训练方式整合到同一个训练计划中，充分挖掘不同训练方式的价值，这一直是我们思考的问题。本研究的训练方法设计理念基于人体的四大支柱运动：站立和位移、提升和降低重心、推和拉、转体。这四大支柱运动模式有利于我们有效地了解身体所做的运动，进而设计出相应的特定的训练方法。此外，在进行训练方法的设计时，一定要结合专项运动。

3.5.5.6.1 四大支柱运动训练方法

（1）站立和位移，可以通过下列方式来练习：①以不同的姿势站立，同时进行多种方式的上身运动。②所有的身体移动训练和单腿动态运动。

（2）提升和降低重心，可以通过下列方式来练习：①深蹲、弓箭步和台阶运动等。②躯干屈曲和伸展。

（3）推和拉，可以通过下列方式来练习：①推——手或肘远离肩部。②拉——手或肘朝向肩部。

（4）转体，可以通过下列方式来练习：所有改变方向的运动（可作为身体移动训练的一部分）和转体运动。

3.5.5.6.2 功能性训练方法的创新设计

（1）平衡球“三连接”练习：①桥式练习。平躺，双脚（用小腿和脚跟做支撑）放在平衡球上，张开双臂平放于地面，膝关节微微弯曲，缓慢提臀至最高点，然后缓慢下落，臀部接触地面，保持脚尖和膝盖始终朝上。②腿弯曲练习。平躺，双脚（用小腿和脚跟做支撑）放在平衡球上，张开双臂平放于地面，膝关节微微弯曲，缓慢提臀至最高点，保持这一姿势，弯曲膝关节，使脚跟往臀部方向回收，保持脚尖和膝盖始终朝上。③提臀练习。平躺，双脚脚底踏在平衡球上，张开双臂平放于地面，膝关节微微弯曲，缓慢提臀至最高点，然后缓慢下落，臀部不接触地面，保持脚尖和膝盖始终朝上。重复上述动作。④单腿进阶练习。方法同①～③，改用单腿完成。

（2）平衡球五种动作组合练习：①球上俯卧撑练习。双手分别放在球上两侧，保持躯干完全伸直，做俯卧撑动作，胸部不要接触球。重复上述动作。②挺身练习。将腹部紧贴球面，沿着球面弯曲身躯，保持膝关节微微弯曲，双手置于脑后，伸直躯干达到最高，重复上述动作。③反向挺身练习。腹部和大腿紧贴球面，两肘贴地支撑身体前半部，两腿并拢，完全伸展髋部到最大幅度，伸展过程中要合理控制节奏，速度缓慢，大腿回落时不接触地面。重复上述动作。④折叠屈膝练习。双手撑地，小腿放在平衡球上，核心收紧，保持躯干伸直，颈部也要伸直，双腿屈膝往胸部方向折叠，尽量贴近胸部，还原。重复上述动作。⑤滑雪练习。双手撑地，小腿放在平衡球上，核心收紧，保持躯干伸直，颈部也要伸直，双腿屈膝折叠在胸部下方，旋转躯干和膝关节带动球转动，最大限度地转到一侧时再向另一侧转动。重复上述动作。

（3）药球复合砍树训练：①垂直砍树。站立，两脚分开与肩同宽，双手持球置于脑后，整个身体向下移动，持球下劈，在两腿之间的区域内劈球，不要触地，移动时保持背部自然直立，允许有控制的弯曲，面部向前。反复练习。②转体砍树。两脚分开与肩同宽，双手持球，保持肘部自然弯曲并将球置于胸前，以右脚为轴向右转体90°，保持身体重心在两脚之间，保持直立平衡姿势，然后向左转体。反复练习。③斜向砍树。站立，两脚分开与肩同宽，双手持球，保持肘部自然弯曲并将球置于胸前，以左脚为轴向右转体90°，弯曲伸展身体并将球高举移向右侧，保持直立平衡姿势，以对角线方式向下向左劈球，保持身体重心在右脚上，右脚面对前方做一个转体弓步结束。反复练习。

（4）腿部“四部曲”快速练习项目：①深蹲练习。站立，两脚分开与肩同宽，双手紧扣放于脑后，下蹲时髋部与地面平行，保持腰伸直，蹲起时要达到全身伸展状态。反复练习。②前弓箭步练习。站立，两脚分开与肩同宽，双手紧扣放于脑后，右脚往前迈一步，身体下沉直到大腿与地面平行，整个运动过程中保持腰伸直，然后恢复到初始姿势，换左脚重复上述动作。③交替剪蹲跳练习。保持弓步姿势，右脚在前，双手紧扣放于脑后，起跳后在空中交换双腿，以弓步姿势着地。重复上述动作。④深蹲跳练习。站立，两脚分开与肩同宽，双手紧扣放于脑后，下蹲时髋部与地面平行，保持腰伸直，起跳，双脚着地成蹲立姿势。反复练习。

（5）三平面的全身练习（哑铃）：这个练习包括一个推举练习组合（三个练习）、一个弯举练习组合（三个练习）、一个弓箭步练习组合（三个练习）和一个弓箭步推举练习组合（三个练习）。①平面推举练习。双臂交替垂直头上推举，双臂以“Y”字交替斜上方推举，双臂交替转身头上推举。②平面弯举练习。双臂交替胸前弯举，双臂交替垂直上提，双臂交替屈臂转体上提。③平面弓箭步练习。两腿交替向前成弓步，两腿交替侧向成弓步，两腿交替向侧后方成弓步。④平面弓箭步推举练习。两腿交替向前成弓步，双臂向上垂直推举；两腿交替侧向成弓步，双臂向上垂直推举；两腿交替向侧后方成弓步，双臂向上垂直推举。

另外，利用弹力绳的各种推拉练习都可以作为热身练习。

3.5.5.7 男子花剑运动员肌肉功能恢复的训练方法与手段研究

恢复是人体机能和能量储备从负荷后暂时下降和减少的状态恢复到负荷前水平的过程。只有当运动员在生理上和心理上都从负荷造成的疲劳中恢复过来，训练负荷对运动员竞技能力变化的影响才能清楚地表现出来。在疲劳恢复的过程中，运动时消耗的能量物质及各器官系统机能状态在一段时间内不仅恢复到原有水平，甚至超过原来的水平，从而提高训练效果和运动成绩。没有恢复训练，负荷只会导致运动员机体能量物质的消耗，使运动员机能下降，甚至导致过度疲劳，使运动员过早地离开竞技赛场。

训练后的整理活动是消除疲劳的一种积极手段，可使训练达到最佳效果。每次训练课后都应进行合理的整理活动，特别是在整理活动中做些肌肉伸展性练习，有助于缓解肌肉纤维痉挛，改善肌肉血液循环，减轻肌肉酸痛和僵硬程度，加速乳酸消除，达到疲劳的迅速消除。在以往的击剑训练和比赛之后，运动员往往立即静坐或站立不动，这种方法恢复效果不好，运动员可以做适当的整理活动，对身体机能的恢复、疲劳的消除、肌肉酸痛和僵硬的消除、运动损伤的预防都有积极的作用。

整理活动要尽量选择一些使工作肌群放松的练习。花剑运动员在参加训练或是比赛之后，腿部、后腰、肩部、手臂、腹部等部位的肌肉容易疲劳，因此，对于花剑运动员的肌肉疲劳消除可以采用 2 ~ 3 圈的慢跑或走，慢跑时手臂自然下垂，全身肌肉充分放松，呼吸要均匀。

慢跑之后可以进行下肢的正踢腿、侧踢腿、外摆腿及里合腿，要求运动员踝关节撑住，尽量把髋关节打开，争取做到肌肉充分拉伸。动作幅度一定要由小到大，先做几次小幅度的预备拉长，然后加大幅度，从而避免拉伤。每个练习重复 10 ~ 20 次。上肢可以进行放松抖动的练习。

整理活动可以运用静力牵张的手段对肌肉疲劳进行消除，静力牵张能通过加强骨骼肌收缩蛋白的合成过程，促进骨骼肌收缩结构的恢复。因此，运动后应选择以静力牵张练习为主的整理活动，对阻断骨骼肌运动后延迟性结构的变化和延迟性肌肉疼痛的发展、促进骨骼肌收缩结构及功能的恢复都具有良好的作用。花剑运动员在训练与比赛之后可以对肩、腰与腿的肌肉进行牵拉，力度要先柔后重，持续时间在 10 分钟左右。

3.5.5.7.1　腰背部肌肉疲劳消除方法

由于花剑运动员在训练和比赛中要长时间保持击剑的动作姿势，以及在此姿势下进行其他动作，因此腰背部是击剑运动员容易疲劳的主要部位之一。根据花剑运动项目特点，可以采用以下几种缓解运动员腰背部疲劳的牵拉方法。

（1）方法一：①运动员平躺在垫子上，双臂平放在体侧。②左腿屈髋，微屈膝用力摆向右侧手臂的方向，摆完回到起始状态，然后右腿重复左腿的动作，两侧动作各做 10 次。③两侧肩膀都不能离开垫子，摆到有明显牵拉感为适宜。

（2）方法二：①运动员平躺在垫子上，右腿膝关节弯屈 90° 左右，左腿屈髋、屈膝，左脚放于右膝关节外侧，左手掌心向上平放在垫子上保持平稳，右手放在左腿膝关节内侧。②右手用力把左膝关节往下方压，使左膝关节尽量贴近垫子。③左肩不能离开垫子，以牵拉到有酸胀感为适宜。

（3）方法三：①运动员平躺在垫子上，双手抱头，肘关节贴住垫子，右腿伸直，左腿屈髋、屈膝，将左脚放于右膝关节外侧；教练员或同伴位于运动员的左侧，左手放于运动员左膝关节内侧，右手压住运动员右肩。②教练员或同伴左手用力慢慢把运动员的左膝关节压向垫子，右手要固定运动员的右肩。③运动员的右肩不能离开垫子，以牵拉到比较紧的位置为宜。

（4）方法四：①运动员平躺在垫子上，双手抱头，肘关节贴住垫子，右腿伸直，左腿屈髋、屈膝，左脚放在教练员或同伴的髋关节处。②教练员或同伴站在运动员的右侧，左脚在前，右脚在后，将运动员的左脚放到髋关节处，左手放在运动员左膝关节处，右手放在运动员左臀大肌处，教练员或同伴用髋关节顶住运动员的左脚向前慢慢用力，右手向运动员的右侧慢慢用力，左手向前下方慢慢用力。③运动员的左肩不能离开垫子，教练员或同伴要慢慢地向前用力，不宜过快过猛，以牵拉到比较紧的位置为宜。

（5）方法五：①运动员两腿并拢，距桌边等支撑面一米左右站立，两臂与两腿伸直，屈髋，背展平，髋关节与肩同高，两手抓住支撑面。②在支撑面从上向下推，推时呼气，形成背弓。③每次保持 20 ~ 25 秒，每组 3 ~ 5 次。

3.5.5.7.2 踝关节的拉伸方法

花剑运动员需要在运动场上向各个方向高频度、高速度地起动、急停。这种动作形式给运动员的踝关节带来了很大的考验，因此，踝关节也是花剑运动员易疲劳的部位之一。

花剑运动员的踝关节拉伸方法如下。

（1）方法一：①站立姿势开始，两脚开立与肩同宽。②以脚外侧着地，两脚缓慢地向内翻转使两脚心朝外，上体保持正直，直到脚内侧产生牵拉感。③静力保持这一姿势，每次 10 ~ 15 秒，每组 3 ~ 5 次。

（2）方法二：①站立姿势开始，两脚开立略比肩宽，两膝弯曲。②以脚内侧着地，两脚缓慢地向外翻转使脚底朝外，降低身体重心，直到脚内侧产生牵拉感。③静力保持这一姿势，每次 10 ~ 15 秒，每组 3 ~ 5 次。

（3）方法三：①站立姿势开始，一脚向前迈出一步宽度，两腿稍屈，另一脚脚背朝下。②在起始姿势基础上，向前移动身体重心，直到足背产生牵拉感。③静力保持这一姿势，每次 10 ~ 15 秒，每组 3 ~ 5 次。

（4）方法四：①站立姿势开始，一脚向前迈出一步宽度，两脚在同一直线上，另一脚足跟紧贴地面。②向后移动身体重心，伸直后腿，直到跟腱产生牵拉感。③静力保持这一姿势，每次 10 ~ 15 秒，每组 3 ~ 5 次。

（5）方法五：①坐在地上。②用双手扳住一只脚的前脚掌，并将腿向前伸展，直到跟腱产生牵拉感。③静力保持这一姿势，每次 10 ~ 15 秒，每组 2 次。

3.5.5.7.3 前臂与手指肌肉疲劳消除方法

由于花剑运动员比赛中需要一只手持剑，而另一侧手臂要不断配合调整，因此花剑运动员前臂的内外旋肌与手指屈肌群也是易疲劳的部位。可以用以下方法帮助前臂与手指疲劳的肌肉进行恢复。

（1）方法一：①运动员站立或坐姿，两臂伸直靠拢，手心向上。②两臂内旋至手心相对。③保持拉伸姿势，每次为 15 ~ 20 秒，每组 3 ~ 5 次。

（2）方法二：①运动员站立或坐姿，两手交叉。②交叉两手的同时，双臂伸直，手心向外。③保持拉伸姿势，每次 10 ~ 15 秒，每组 2 ~ 3 次。

（3）方法三：①运动员双手握于单杠上，手心向后，两手间距比肩略宽。②保持拉伸姿势，每次 10 ~ 15 秒，每组 2 ~ 3 次。

3.5.5.7.4　颈部肌肉韧带的拉伸方法

颈部肌肉韧带的拉伸方法如下：①运动员站立或坐姿，头部保持自然、放松、中立的姿势。②用手将头部向前、后、左、右各方向分别轻推，并能够保持一定时间。③在每个静止的拉伸位置停留 15 ~ 20 秒，每组 2 ~ 3 次。

3.5.5.7.5　肱二头肌、肱三头肌的疲劳消除方法

（1）肱二头肌的拉伸方法：①运动员面对柱子或是墙站立，两腿弯曲左右分开（重心位于两腿之间）或是前后开立（重心位于与拉伸手臂同侧的前腿），进行拉伸一侧的手扶在墙上或柱子上，手臂伸直，手臂与柱子或墙体的夹角为 30° ~ 50° 。②旋转身体拉伸肱二头肌，使其有拉伸感即可。③在拉伸位置，每次停留 15 ~ 20 秒，每组 3 ~ 5 次。

（2）肱三头肌的拉伸方法：①方法一。运动员面对柱子或是墙边站立，两腿弯曲，左右分开（重心位于两腿之间）或是前后开立（重心位于与拉伸手臂异侧的前腿），进行拉伸一侧的手扶在墙上或柱子上，手臂伸直，手臂与柱子或墙体的夹角为 30° ~ 50° 。旋转身体使肱三头肌有拉伸感即可。拉伸力度由轻至重，在适度拉伸的位置每次停留 15 ~ 20 秒钟，每组 3 ~ 5 次。②方法二。站立姿势开始，双腿分开与肩同宽或比肩稍宽，右臂上举，自然屈肘，将手放于脑后，手心向上。左手从头后上方越过拉住右肘关节，并向头的方向轻轻拉，感觉右臂外侧肱三头肌有拉伸感即可。在拉伸位置每次停留 10 ~ 15 秒，每组 3 ~ 5 次。注意眼睛平视前方，头部保持中立位置，手臂不可压头部，挺胸沉肩。换左臂完成同样动作。

3.5.5.7.6　腹部肌肉的拉伸方法

腹部肌肉的拉伸方法如下：①运动员站立，两手撑于腰部。②身体慢慢后仰至腹部有牵拉感，头颈部保持自然状态。③在拉伸位置每次停留 20 ~ 25 秒，每组 2 ~ 3 次。

3.5.5.7.7　腿部肌肉疲劳消除方法

（1）大腿股四头肌的拉伸方法：①方法一。运动员左（右）腿直腿站立，右（左）腿弯曲。用双手扳住右（左）脚的脚面，使脚跟贴住同侧臀部。开始的拉伸速度要慢，在拉伸位置每次停留 15 ~ 20 秒，每组 3 ~ 5 次。②方法二。运动员双腿并拢，双手扶于膝盖。运动员慢慢

下蹲至脚跟贴于臀部，脚跟抬起。蹲起几次之后，在深蹲的牵拉位置每次停留 15 ~ 20 秒，每组 3 ~ 5 次。

（2）大腿股二头肌的拉伸方法：①一腿伸直撑地，脚尖方向与抬高腿平行，另一腿抬至高处，脚尖向上。②用对侧手伸向抬起脚的脚趾，使胸口贴近抬高的大腿。③保持拉伸姿势，每次 20 ~ 25 秒，每组 2 ~ 3 次。

（3）大腿内侧肌群的拉伸方法：①一腿伸直撑地，脚尖方向与抬高腿垂直，另一腿抬至高处，脚内侧向下。②用对侧手伸向抬起脚的脚趾，使腹部侧面贴近抬高的大腿。③保持拉伸姿势，每次 20 ~ 25 秒，每组 2 ~ 3 次。

（4）大腿外侧肌群的拉伸方法：①运动员坐于垫上，左（右）腿屈膝使脚置于右（左）腿膝关节外侧。②双手扶住左（右）腿膝盖向腹部右（左）侧牵拉。③保持拉伸姿势，每次 20 ~ 25 秒，每组 2 ~ 3 次。

综上所述，训练后的整理活动对于消除疲劳是一种积极的手段，可使训练达到最佳效果。每次训练课后都应进行合理的整理活动，特别是在整理活动中做些肌肉伸展练习，有助于缓解肌肉纤维痉挛，改善肌肉血液循环，减轻肌肉酸痛和僵硬程度，加速乳酸的消除，达到疲劳的迅速恢复。

3.6 中国男子花剑队运动员奥运集训期灵敏与快速力量训练实证研究

3.6.1 中国男子花剑队运动员奥运集训期灵敏与快速力量训练特点

作为体能教练员，要具有创新性，在制订训练动作的时候，必须考虑项目动作的技战术特征，不断学习新的知识。训练计划应当以运动员为中心，以教练员为导向，以管理为支撑。教练员学会控制运动员的弱势竞技能力，一开始就要找出并处理好它们。体能训练的第一步是建立训练的哲学理念，在这个哲学理念中必须铭记，运动员竞技能力发展的领域是持续变化的。体能训练专家王卫星曾经说过：“运动训练唯一不变的那就是变。”在训练知识不断更新的时代，大胆尝试训练中的创新和改革是一种机遇和挑战。

根据以上对花剑项目特点、男子花剑运动员自身特点以及男子花剑项目灵敏与快速力量训练方法的分析，在备战伦敦奥运会集训的不同阶段，体能训练主要是围绕灵敏与快速力量训练，力争做到有针对性的突破与创新。全面分析伦敦奥运会集训期间中国男子花剑运动员灵敏和快速力量的训练特点与负荷，在灵敏和快速力量的训练中密切结合专项特点，注重功能性力量训练，采用本研究提出的男子花剑灵敏与快速力量训练方法，从最终比赛的结果来看，训练中的求新和突破取得了一定的成效。

3.6.1.1 第一阶段灵敏训练特点

（1）此阶段旨在全面提高运动员的灵敏能力。第一阶段集训从 2011 年 7 月 25 日至 8 月 21 日，共 4 周时间。利用各种标志物变向跑练习、变向球练习、绳梯练习等来达到训练目的。尤其重视反应速度的训练，通过听信号做各种练习来达到提高反应速度能力的目的。训练时注重提高运动员的中枢神经系统兴奋性和注意力的集中程度，并培养运动员在运动中肌肉的放松能力，提高反应速度，达到更好的训练效果。

（2）设计与专项特点紧密结合的健身操灵敏训练内容。每周进行 2 次健身操的训练，每次 1 小时左右。在健身操训练中，主力队员均佩戴心率表，以检测训练强度和效果。

从图 71 的心率变化图上可以看出，教练员的心率一直维持在相对高位，原因包括：①教练员在带操的过程中需要喊口令带动运动员的情绪；②教练员在运动过程中的力度、幅度以及动作完成的质量在一定程度上高于运动员。通过简单对比发现，跟随跳操的运动员动作没有完全做到位，他们动作完成的质量还有很大的提升空间。

从图 72 可以看出，雷声在所有跳操运动员中心率值相对较高，最高达到 176 次 / 分，而平均水平也达到了 138 次 / 分，与教练员的心率值是比较接近的，说明他跳操比较认真，在训练现场观察中也是如此。健身操训练过程中的最高心率和平均心率与男子花剑比赛基本一致，也表明健身操训练与实战的强度大小以及心率变化相近。因此，健身操训练与专项实战贴近，能很好地为专项服务。

本研究就是否有必要将健身操加入灵敏训练内容，向中国男子花剑队 10 名运动员发放了调查问卷，回收问卷 10 份，问卷回收率为 100%，有效率为 100%。10 名队员中有 9 名认为将健身操加入训练内容“有必要”，其中 1 名认为“很有必要”，没有运动员认为“可有可无”或“没有必要”。

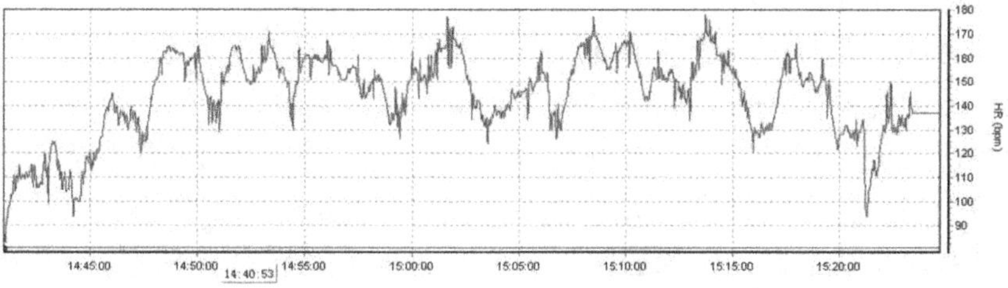

运动时间	最大心率	平均心率	最小心率
43 分 46 秒	178 次 / 分	144 次 / 分	83 次 / 分

图 71　健身操教练心率变化图

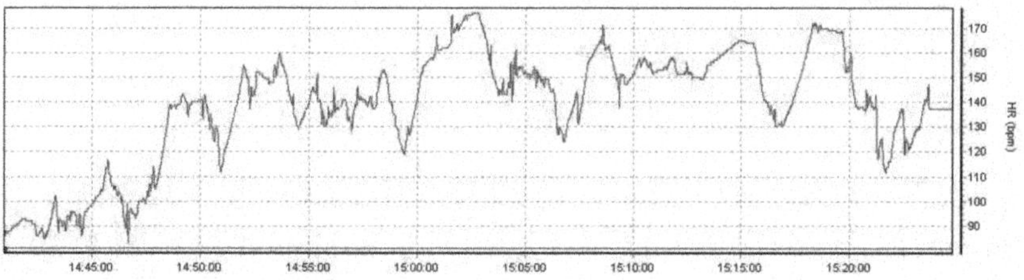

运动时间	最大心率	平均心率	最小心率
43 分 46 秒	176 次 / 分	138 次 / 分	83 次 / 分

图 72　雷声跟做健身操心率变化图

3.6.1.2　第一阶段快速力量训练特点

（1）采用适度的负荷和练习次数提高快速力量能力，注重神经肌肉的支配能力以及肌肉的协调能力的训练，强调不考虑负重的情况下加强运动速度的训练，并适当安排快速伸缩复合训练。应用快速力量训练实例动作，每项动作安排 6 ～ 8 次重复，共完成 4 ～ 6 组，每次完成动作有 3 ～ 5 秒的间隔，每组有 2 ～ 3 分钟的间隔。

（2）在快速力量训练中配合运动员功能性力量的发展，加强核心区力量的训练。功能性力量主要是指以提高全身肌肉整体工作能力和效率为目的，强调核心部位和各关节周围小肌肉群稳定辅助作用的力量。从前文分析可知，核心区力量在花剑运动快速力量中起重要作用。核心区力量是花剑运动员身体平衡的保障，它是运动员快速力量合理有效发挥的保证。在加强核心区力量的同时，在快速力量的训练中注重加强关节的稳定性，尤其针对运动员膝关节、踝关节以及腕关节的伤病预防和稳定性的加固安排练习，利用平衡盘和平衡球等器械，密切结合花剑专项和快速力量的特点安排一些特别的力量训练，预防运动员在专项训练中关节受伤，并辅助其伤病关节的康复。在不稳定状态下的小关节练习能够刺激深层肌群参与，深层肌群的稳定功能对关节的保护起关键作用，很大程度上预防和减少了关节的急性损伤，也能缓解运动员左右力量不平衡的状况。

中国男子花剑队第一次集训正是进行了有针对性且具有创新意识的灵敏与快速力量训练，取得了较好的效果，使得运动员有一个良好的赛前体能状态，之后赴意大利参加 2011 年世界击剑锦标赛，中国男子花剑队获得了男子花剑团体金牌，成功卫冕。

3.6.1.3 第二、第三阶段灵敏与快速力量训练特点

第二阶段集训时间从 2011 年 12 月 5 日至 2012 年 1 月 22 日，第三阶段分两部分，分别是 2012 年 3 月 29 日至 2012 年 4 月 22 日和 2012 年 5 月 7 日至 2012 年 6 月 10 日。在第二阶段初期和第三阶段末期分别进行了两次灵敏和快速力量素质的测试。这两个阶段灵敏和快速力量训练保持第一阶段训练的一些基本思路。灵敏训练进一步加强了感觉－运动决策能力和方向转换速度这两部分能力的训练内容。这一阶段继续进行有氧操的训练，并密切结合专项的技术特点和比赛的形式进行有氧操训练内容的编排，从提高灵敏、协调、节奏等角度设计安排。

在保持前两阶段灵敏训练的基础上结合专项特点，利用“王卫星灵敏训练仪”进行灵敏耐力训练，进一步强化以信号引导的方式进行练习，内容安排与专项步法、技术紧密结合。（图 73）

运动员站在剑道中央，眼睛注视灵敏训练仪中的信号，按照看或听到的不同信号指示完成要求的专项动作，可选取 2 ~ 10 个随机信号，开始时信号有 5 秒的间隔，间隔时间以 0.2 秒递减，一直持续递减至间隔 2.2 秒时不再递减秒数。从心率监控的角度看，灵敏耐力的训练保持在较高

的运动强度，每组共3分钟，总共完成3组。

图73 使用“王卫星灵敏训练仪”进行灵敏耐力训练

朱俊在灵敏训练中很认真，从心率图上可以看出，其最大心率达到了183次/分，而且随着训练疲劳感的出现，在后续两组训练中的大部分时间，其心率都高于170次/分，一直都维持在高位。（图74）

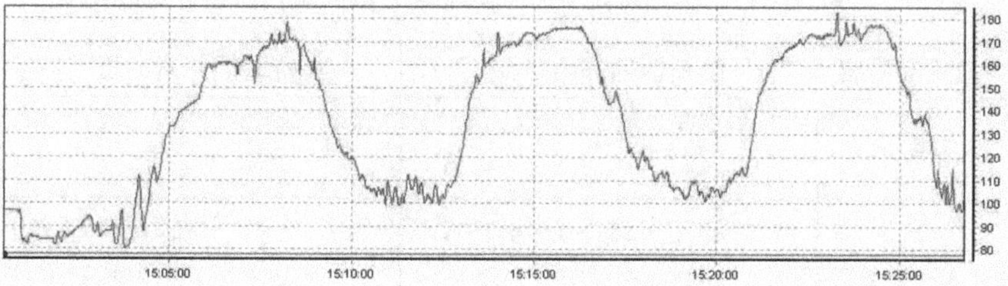

总运动时间	最大心率	平均心率
26分21秒	183次/分	133次/分

图74 朱俊灵敏训练心率监控图（2012.4）

从雷声的灵敏训练心率图中可以看出，他的最高心率达到了194次/分，而且最大心率随着组次的增加升高明显，说明训练给他的刺激很大，心率储备动员很充分。（图75）

在快速力量的训练中进一步强化功能性力量，加强核心区力量的训练，能帮助运动员稳定脊柱和骨盆，更好地保持正确的身体姿势，提高身体的控制力和平衡力，提高运动时由核心向四肢以及其他肌群的能量

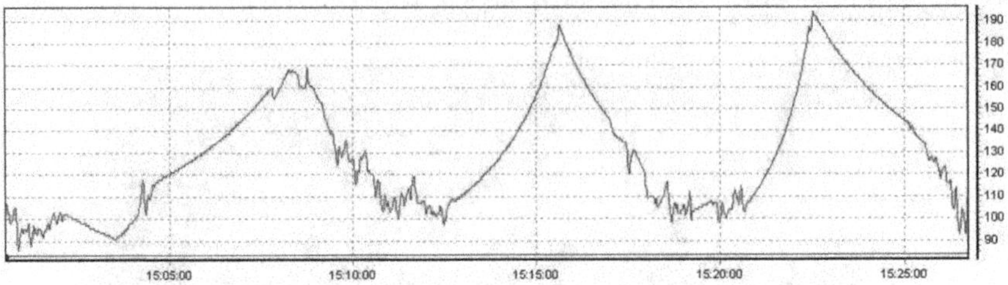

总运动时间	最大心率	平均心率
26 分 21 秒	194 次 / 分	128 次 / 分

图 75　雷声灵敏训练心率监控图（2012.4）

输出，提高肢体协调工作的效率，降低能量消耗，预防动作中的损伤。个别运动员在核心区力量上有所欠缺，训练中教练员应协助运动员，尤其关注重点运动员完成动作的规格，以达到训练的效果。继续加强关节的稳固性，预防和减少关节的损伤。本阶段主力队员快速力量训练负荷提升对比见表 18。

表 18　第二、第三阶段主力队员快速力量训练负荷提升对比

力量练习内容	阶段训练开始负荷	阶段训练最后负荷
高翻	40 千克（6 ~ 8 次 / 组）×3 组	62.5 ~ 65 千克（6 ~ 8 次 / 组）×4 组
弓步蹲	50 千克(左右腿各 6 ~ 8 次 / 组)×3 组	75 ~ 80 千克（左右腿各 6 ~ 8 次 / 组）×4 组
双肩宽蹲	50 千克（6 ~ 8 次 / 组）×3 组	120 千克（6 ~ 8 次 / 组）×4 组
卧推	40 千克（窄握宽握各 5 次 / 组）×3 组	60 ~ 65 千克（窄握宽握各 5 次 / 组）×4 组
俯身硬拉	40 千克（6 ~ 8 次 / 组）×3 组	45 ~ 50 千克（6 ~ 8 次 / 组）×4 组

3.6.2　中国男子花剑队运动员奥运集训期灵敏与快速力量训练负荷研究

训练负荷的构成是多元素的，这与训练过程本身的复杂性是一致的。

同时，在众多的运动项目中，由于运动的专项特点不同，各因素对训练的安排影响也不同。但从前文学者和专家的研究中可以得出，训练量和训练强度是众多因素中最重要的，也是在训练过程中教练员必须考虑的因素，并且这两个因素容易量化。因此，本研究对训练负荷研究的重心主要放在训练量和训练强度上，同时还结合内在负荷指标——心率来反映训练负荷的实施情况。

3.6.2.1 中国男子花剑队大周期体能训练节奏

集训的第一阶段和第三阶段前期、后期结束后都有国际性的比赛，如世界击剑锦标赛、世界杯各站大奖赛和伦敦奥运会的比赛。从每周灵敏、快速力量以及核心力量素质的训练次数和时间来看，第一阶段灵敏训练次数最高达每周 6 次，总共 9 小时左右，第三阶段灵敏、快速力量和核心力量的最高训练次数分别为每周 4 次、每周 3 次和每周 2 次（图 76）。这些素质训练和男子花剑运动员的技术训练穿插且融合，但每周训练时间略有变化，并且其变化趋势曲线呈倒 U 形。大量研究表明，赛前在保证训练强度的前提下，适当地减少训练量可以提高运动员的身体机能，有利于运动员在比赛中呈现最佳的竞技状态。这种方法被称为“减量训练”。从训练时间上考虑，倒 U 形负荷安排模式的主要目的是希望通过赛前减量法调整运动员的竞技状态。最优化的训练应该是尽可能地提高体能并最大限度地减少疲劳。当训练负荷过高时，训练效果就会因疲劳的大量积累而大打折扣。

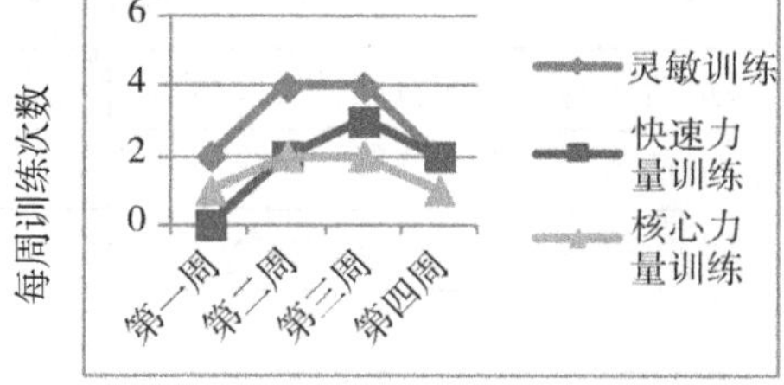

图 76 集训第三阶段灵敏、快速力量及核心力量每周训练次数

减量训练的作用、要求和效果如下：①运动减量训练策略用来消除疲劳、保持体能、提升准备和竞技状态；②减量训练期间，保持适度的高强度训练，避免停止训练；③将减量训练量减少到先前的 41% ~ 60%；

④减量训练阶段的训练频率应至少保持在先前的 80% 或以上；⑤使用循序渐进的、非线性的减量训练模式；⑥减量训练会使运动员有望提高约 3% 的运动水平。

3.6.2.2 中国男子花剑队小周期训练负荷动态变化

每个小周期中每天的训练负荷都应该根据运动员的疲劳情况以及机体的恢复情况适当变化。同时，教练员通过调整训练负荷帮助运动员完成竞技能力的积累，缓解运动员运动后的疲劳，促进机体的恢复再生。专家对训练强度定性分析有以下几种方法：一种是用大、中、小来衡量训练负荷；另一种是用训练最大负荷的百分比来衡量。Issurin 指出对于不可测量的运动项目来说，如团队项目、对抗项目等，5 分制训练负荷评价标准可以较好地评价训练的负荷。5 分制训练负荷评价标准中，1 ~ 5 分别代表最低到最高的训练负荷分布。

表 19 显示：负荷评价值为 5 分时为极限负荷，即负荷强度和负荷量都已达到极限，此时运动员需要 3 天以上的时间恢复；评价值为 4 分时为超大负荷，此时需要恢复的时间为 2 ~ 3 天；评价值为 3 分时是大负荷，运动员需要 1 ~ 2 天的时间恢复；评价值为 2 分时是中负荷，运动员需要 12 小时至 1 天的时间来恢复；最低值 1 分时所对应的负荷是小负荷，运动员用 12 小时以下的时间就可以恢复。笔者根据训练时间、训练量、训练心率、训练内容以及其个人的主观评价对雷声集训期第三阶段前 4 周的训练负荷进行了表 20 所示的五等级评价。

表 19 训练课训练负荷划分（引自 Issurin，2003）

训练课目标	训练负荷水平	恢复时间（小时）	训练负荷评价参考值
发展	极限负荷	>72	5
	超大负荷	48 ~ 72	4
	大负荷	24 ~ 48	3
保持	中负荷	12 ~ 24	2
修复	小负荷	<12	1

表 20　雷声训练课量化表

		星期一	星期二	星期三	星期四	星期五	星期六	星期日
第一周	上午	3	3	2	3	3	5	0
	下午	2	2	4	4	3	2	0
第二周	上午	3	2	2	1	4	2	0
	下午	3	4	2	4	3	0	0
第三周	上午	4	2	2	2	3	3	0
	下午	1	4	0	2	2	0	0
第四周	上午	3	2	3	2	3	3	0
	下午	2	0	3	3	2	0	0

通过图 77 可以很直观地看出，雷声集训期第一阶段的四周负荷安排以两种模式为主：第一种是单峰模式，如第一周；第二种是双峰模式，如第二、第三、第四周。单峰模式可以相对长时间地集中安排负荷相对较大的训练课。长时间持续高负荷的训练模式容易引起运动员的过度训练，但如果处理得当，会给机体更深刻的刺激，运动员再加以充分的恢复，可以达到很好的训练效果。集训期第一周，运动员体力和精力相对充沛，

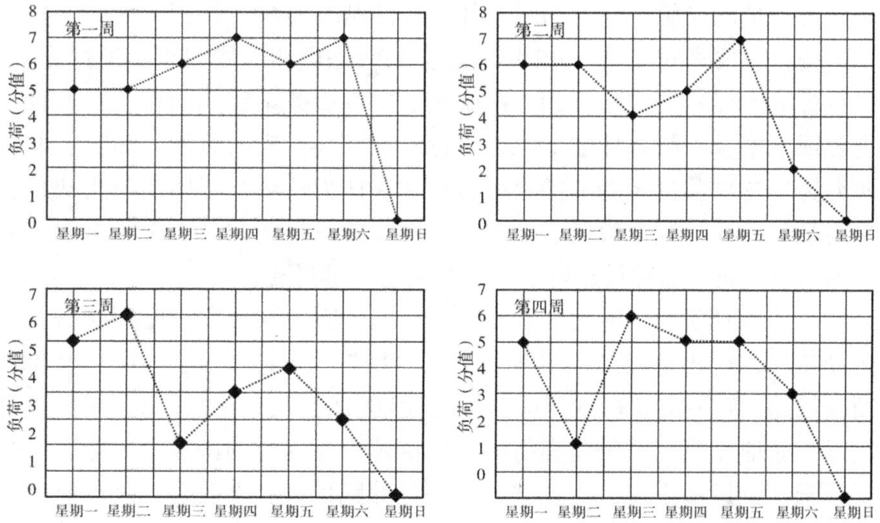

图 77　雷声训练课负荷的周变化

这种单峰模式可以为运动员后面中低负荷训练课做准备。第一周的训练中，灵敏和快速力量的训练次数并不是最多的，但在第一个休息日的前一天，训练负荷达到最大。而在花剑集训中，双峰模式甚至三峰模式应用更为广泛。花剑运动员通过双峰模式进行训练，可以两次完成较高负荷的训练，训练效果更加明显，此外还可以减少疲劳的积累，促进机体的恢复。

3.7 中国男子花剑队运动员奥运集训期灵敏与快速力量训练效果分析

备战伦敦奥运会集训期间，本研究对中国男子花剑队运动员灵敏和快速力量分别进行了两次测试，在集训的不同时期对这两项身体素质进行诊断。男子花剑项目的专项身体素质是确保击剑运动员技战术能力充分发挥的关键，花剑队曾经对多种身体素质指标进行过测试，至今尚未形成一套完整的身体素质测试指标体系。这既有项目本身的原因，也有大家对项目认识水平的原因。花剑项目本身比较复杂，对运动员的各项身体素质都有较高要求。因此，建立一套精练且针对性强的体能评价体系比较困难。此外，研究人员在花剑体能认识上的差异，也造成在选择花剑项目指标体系时的不一致性。本研究在文献整理的基础上确立男子花剑运动员的灵敏及快速力量身体素质的基本要求，就相关指标进行专家调查，主要通过备战 2012 年奥运会的教练员和体能训练专家打分（5 级打分）的形式完成指标的二次筛选。本着服务于实践的目的，本研究主要征求了教练组和体能专家以及运动训练学专家的意见，确定了本次研究男子花剑项目运动员的灵敏素质和快速力量的指标体系（测试方法见附录）。在备战伦敦奥运会集训期第一阶段初期和第三阶段末期分别对国家男子花剑运动员进行了灵敏与快速力量测试。

在选择专项竞技能力测试指标上，本研究力求最大限度地突出专项运动特征，符合竞技运动专项的需要。用口令刺靶、T 字测试、伊利诺斯灵敏跑、Z 字跑和视觉反应时评价运动员的灵敏能力，用高翻、立定跳远、原地纵跳、单侧跪姿持剑臂抛球评价运动员的快速力量能力。对于男子花剑运动来说，其比赛特点是位移距离短、次数多、进攻速度快且准，对下肢移动能力、视觉反应能力，以及刺剑的准确性有较高的要求，

T 字测试、伊利诺斯灵敏跑、Z 字跑、视觉反应时和口令刺靶能在一定程度上反映运动员所具备的灵敏素质水平。

下肢功能性测试最初是由 George J. Davies 于 1988 年设计的。具有开创性的 Davies 测试首次将多维度因素融入专项竞技运动所强调的下肢运动中。除了测试受试者灵敏性和下肢运动能力外，也可以检查受试者下肢的疲劳程度。另外，Davies 测试也具有可靠的重复性，广泛应用于不同竞技项目运动员下肢专项移动能力的评价之中。T 字测试、伊利诺斯灵敏跑、Z 字跑包含了下肢移动三个运动面的前后左右的运动，较为全面地反映了受试者专项下肢移动能力及其全身的灵敏性。视觉反应时和口令刺靶又紧密结合专项特点，较好地反映了测试运动员的视觉反应能力、专项步法和刺剑的准确性。

第一阶段初期快速力量测试主要从 3 个不同的运动面反映运动员上肢、躯干和下肢的快速力量能力。高翻测试主要用于评价全身的快速力量，立定跳远和原地纵跳测试主要用于评价水平面和矢状面腿部的快速力量，单侧跪姿持剑臂抛球测试用于评价持剑手侧上肢水平面和回旋核心肌群的快速力量。（表 21）

表 21　中国男子花剑队运动员灵敏与快速力量第一次测试成绩（2011.7）

测试项目（单位）	极小值	极大值	均值	标准差
T 测试（秒）	8.3200	9.3300	8.8360	0.3762
伊利诺斯灵敏跑（秒）	15.3600	17.2000	16.3370	0.6718
Z 字跑（秒）	6.5600	7.2300	6.9250	0.2292
视觉反应时（秒）	0.5200	0.8050	0.6470	0.0760
高翻（千克）	40.0000	40.0000	40.0000	0.0000
立定跳远（米）	2.5000	2.9000	2.7660	0.1233
原地纵跳（米）	0.4500	0.7100	0.5790	0.0748
单侧跪姿持剑臂抛球（米）	7.0000	8.6000	7.3150	0.5154

奥运集训第二、第三阶段期间，在对中国男子花剑队运动员灵敏和快速力量的针对性训练后，对运动员们进行了第二次灵敏和快速力量测试，测试结果见表 22。

经检验，两组数据近似正态分布，两次测试成绩前后对比，经过配对样本 T 检验的最终结果，每对的双尾概率 *P* 值分别都小于 0.05。可见，经过这一阶段的训练，中国男子花剑队运动员灵敏和快速力量的成绩前后有显著性差异，即训练效果明显。同时，在实践中取得的世界各站比赛成绩也是对训练效果最好的检验。（表 23）

表 22　中国男子花剑队运动员灵敏与快速力量第二次测试成绩（2012.4）

测试项目（单位）	极小值	极大值	均值	标准差
T 测试（秒）	8.2400	8.9500	8.5520	0.2722
伊利诺斯灵敏跑（秒）	15.1900	16.8800	16.0050	0.5957
Z 字跑（秒）	6.3700	6.9300	6.6910	0.2044
视觉反应时（秒）	0.4900	0.7500	0.5820	0.0738
高翻（千克）	60.0000	65.0000	62.0000	1.5811
立定跳远（米）	2.5500	2.9600	2.8180	0.1226
原地纵跳（米）	0.4800	0.7600	0.6250	0.0743
单侧跪姿持剑臂抛球（米）	7.2000	9.4000	7.7400	0.6484

表 23　中国男子花剑队运动员灵敏与快速力量两次测试成绩对比

测试项目（单位）	第一次成绩	第二次成绩	*T* 值	*P* 值
T 测试（秒）	8.8360 ± 0.3762	8.5520 ± 0.2722	6.910	0.000
伊利诺斯灵敏跑（秒）	16.3370 ± 0.6718	16.0050 ± 0.5957	4.361	0.002
Z 字跑（秒）	6.9250 ± 0.2292	6.6910 ± 0.2044	7.551	0.000
视觉反应时（秒）	0.6470 ± 0.0760	0.5820 ± 0.0738	4.227	0.001
高翻（千克）	40.0000 ± 0.0000	62.0000 ± 1.5811	–44.000	0.000
立定跳远（米）	2.7660 ± 0.1233	2.8180 ± 0.1226	–17.894	0.000
原地纵跳（米）	0.5790 ± 0.0748	0.6250 ± 0.0743	–8.835	0.000
单侧跪姿持剑臂抛球(米）	7.3150 ± 0.5154	7.7400 ± 0.6484	–8.044	0.000

3.8　中国男子花剑运动员雷声的训练效果分析

本研究对伦敦奥运会花剑个人冠军雷声进行个案分析。雷声身高 1.93 米，体重 75 千克，身材高大，但相对瘦弱。在第一次素质测试结果中，雷声的灵敏素质和核心区力量水平较低，尤其柔韧性在队里的水平是较差的，但其快速力量素质水平在队里处在靠前的位置。灵敏素质水平与其身高有一定关系，他也认为自己在灵敏协调能力上需要大幅度的提升。雷声的快速力量素质在队里属于优秀水平，但仍有很大的提升空间。主教练认为雷声在感觉和意识方面有天赋，身高有优势，比赛中有自己的打法风格，但雷声比较瘦弱，在体能上还有待提高。

经过三个阶段针对性的体能训练，雷声的灵敏与快速力量素质以及核心区力量有了明显的提高（$P<0.05$）。雷声从灵敏素质和核心区力量水平较低，快速力量素质水平在队里处在靠前的位置的起始水平，到第三阶段末期灵敏素质、快速力量素质以及核心区力量已达较高水平，快速力量素质水平达到了队里的最前列。雷声第二次所有的测试成绩均比全队第二次测试均值高。奥运出战前期，在体能康复训练与医疗的全力配合下，雷声脚踝的伤已经完全康复，为以最好的状态征战奥运会打下坚实的基础。（表 24、表 25）

表 24　雷声备战奥运期间两次体能测试成绩对比

测试项目（单位）	第一次成绩	第二次成绩	第二次测试全队均值	第二次成绩与全队均值相比
T 测试（秒）	8.6000	8.2900	8.5520 ± 0.27223	↑
伊利诺斯灵敏跑（秒）	16.1500	15.7000	16.0050 ± 0.59573	↑
Z 字跑（秒）	6.8000	6.5000	6.6910 ± 0.20442	↑
视觉反应时（秒）	0.5890	0.5100	0.5754 ± 0.09196	↑
口令刺靶（次数）	17.0000	20.0000	17.4000 ± 1.5055	↑
高翻（千克）	40.0000	65.0000	62.000 ± 1.58114	↑
立定跳远（米）	2.8500	2.9600	2.8180 ± 0.12264	↑
原地纵跳（米）	0.5000	0.6200	0.6250 ± 0.07427	↑
单侧跪姿持剑臂抛球（米）	7.0000	9.4000	7.7400 ± 0.64842	↑

表 25　雷声备战奥运期间核心区力量两次测试结果对比

项目 / 测试次数	八级腹桥（级）	八级侧桥（级）	两头起（次）	备注
第一次成绩	4	4	46	
第二次成绩	7	8	58	

从实践中取得的成绩可以看到，雷声在2012年备战伦敦奥运集训期间的体能训练是较为成功的。针对雷声个人的灵敏和快速力量以及注重功能性力量的训练，使雷声的腰伤在奥运集训期间没有复发，他的右踝的关节损伤也得到了康复。雷声自己也表示伤病的康复受益于功能性力量尤其是核心区力量的训练。此外，雷声的花剑项目所需要的身体能力全面提升，且效果明显。

在集训第三阶段的实战比赛中，能明显观察到雷声的脚步移动更快更稳，出手更准更狠，更加收放自如。备战伦敦奥运集训期间的体能训练对雷声在其专项技术方面的发挥起到了至关重要的促进作用，也为他在伦敦奥运会夺冠发挥了应有的价值。雷声备战伦敦奥运期间快速力量训的目标是提高上下肢快速力量能力。训练日期是2012年4月13日，已是奥运集训第三阶段，运动员的需求是保持身体的良好状态，提高快速力量能力，因此训练安排在不突出负荷重量的情况下突出完成速度练习，且每一次重复动作有短暂的休息，每一组练习之间有足够的休息恢复时间。（表26、表27）

表26　雷声力量训练课日志（2012.4.13）

练习项目	重量（千克）	第1组	第2组	第3组	第4组	负荷量（千克）	负荷强度
高翻	重量	40	50	55	60	1230	51.25
	重复次数	6	6	6	6		
弓步蹲	重量	50	60	70	80	3120	65.00
	重复次数	6×2	6×2	6×2	6×2		
双肩宽蹲	重量	50	60	70	80	1560	65.00
	重复次数	6	6	6	6		
卧推	重量	50	55	60	65	1380	57.50
	重复次数	6	6	6	6		
总训练量和强度						7290	59.6875

表 27 国家击剑队年度个体训练方案

<table>
<tr><td>姓名</td><td>雷声</td><td>出生年月</td><td>1984.3</td><td>身高</td><td>1.93 米</td><td>体重</td><td>75 千克</td><td>持剑手</td><td>左</td><td>单位</td><td>击剑队</td><td>性格</td><td>内向</td><td>训练年限</td><td>11 年</td></tr>
<tr><td colspan="2">国际比赛最好成绩</td><td colspan="14">2010 年世锦赛团体冠军，2010 年世锦赛个人冠军，2011 年世锦赛团体冠军，2012 年亚洲击剑锦标赛男子花剑个人亚军</td></tr>
<tr><td colspan="2">运动员的主要特点</td><td colspan="14">基本技术比较扎实，特长技术突出，攻防全面，有着良好的身体素质和专项素质，力量和爆发力比较突出，比赛经验比较丰富</td></tr>
<tr><td colspan="2">目前存在的主要问题</td><td colspan="14">进攻中刺点单一；过多地依赖接触武器进攻；脚下步法节奏变化少；近年来，比赛中存在心理不稳定的现象</td></tr>
<tr><td colspan="2">产生问题的原因</td><td colspan="14">特长技术被对手熟悉，缺少相应的欺骗战术；在改进和增加保护技术时，相应的体能训练没有受到重视，影响了配套技术的使用效果</td></tr>
<tr><td colspan="2">主要解决手段</td><td colspan="14">突出进攻能力的同时强化上步观察能力；引导其步法节奏的变化意识，加强收放的概念，树立有实效的积极主动观念；通过个别课加强一些上步观察的手段，如上步后的进攻、上步后的防守、上步后的拉开等；通过条件实战强化其线路变化的意识；利用体能训练的手段，增加技战术完成的质量、效果</td></tr>
<tr><td colspan="2">年度阶段划分</td><td colspan="3">第一阶段</td><td colspan="3">第二阶段</td><td colspan="4">第三阶段</td><td colspan="4">第四阶段</td></tr>
<tr><td colspan="2">阶段任务</td><td colspan="3">通过冬训强化专项技能和体能，巩固特长技术，丰富战术思想</td><td colspan="3">第二阶段训练应根据上一阶段的训练和参加世界比赛中主要存在的问题，有的放矢地进行针对性解决</td><td colspan="4">第三阶段训练应根据上一阶段的训练和参加世界杯和世锦赛的情况，对其训练和比赛中存在的问题及时分析和总结，并果断地做出正确的决策，通过排位赛在决赛中抢得有利位置</td><td colspan="4">在冲刺奥运会阶段，对前期训练和比赛中仍然存在的问题继续进行解决，完善技战术细节，贯彻执行对中近距离控制的战术思想</td></tr>
<tr><td colspan="2">阶段训练手段</td><td colspan="3">1. 突出进攻能力的同时，强化上步观察后的攻、防转换能力
2. 引导其步法节奏变化意识，加强收放概念，树立有实效的积极主动观念
3. 利用灵敏、协调训练，提高手脚配合能力和转换时的平衡、迅捷性</td><td colspan="3">1. 通过个别课加强上步后进攻、防守、拉开等观察的手段
2. 通过条件实战强化其线路、刺点变化的意识
3. 利用快速力量训练提高其前后移动的速度、爆发性攻击能力</td><td colspan="4">1. 通过实战加强其专项体能和技能
2. 通过条件实战来提高其比赛中的战术意识
3. 做好对国外优秀运动员的针对性技战术训练
4. 加强核心肌肉力量的训练，提高四肢用力的顺畅和连贯性
5. 继续加强灵敏与快速力量素质能力</td><td colspan="4">1. 通过实战加强其专项体能和技能
2. 通过条件实战来提高其比赛中的战术意识
3. 做好对世界优秀运动员的针对性技战术训练
4. 突出手脚的协调配合能力的训练，注重训练效果在实战中的应用</td></tr>
<tr><td colspan="2">阶段比赛任务</td><td colspan="3">1. 世界杯 A 级赛各分站赛
2. 大奖赛及团体赛</td><td colspan="3">世界锦标赛团体赛</td><td colspan="4">世界杯排位赛各分站赛</td><td colspan="4">奥运会</td></tr>
<tr><td colspan="2">比赛成绩目标</td><td colspan="3">个人前三名、团体前三名</td><td colspan="3">团体前三名</td><td colspan="4">个人前三名、团体前三名</td><td colspan="4">争取 1 枚金牌</td></tr>
<tr><td colspan="2">训练负荷变化</td><td colspan="3">大</td><td colspan="3">中</td><td colspan="4">大</td><td colspan="4">大→中</td></tr>
</table>

4 结论和建议

4.1 结论

花剑项目属于技能主导类双人对抗性项目，花剑运动员在比赛时表现出的灵敏和快速力量能力是体能训练的核心内容。花剑运动员灵敏水平的高低一般由平衡、反应、速度、力量、协调、节奏等决定。花剑运动员的快速力量能力的高低由其起动力量、爆发力、反应力量和制动力量决定，其中核心区力量是花剑运动员快速力量的重要保障。

本研究通过对备战2012年伦敦奥运会的中国男子花剑队运动员专项能力测试，得出男子花剑项目灵敏与快速力量的训练特点，灵敏和快速力量训练应符合专项的能量代谢和负荷特征，训练方法应与专项密切结合，重视发展专项灵敏和快速力量，加强功能性力量训练。

本研究从训练年度计划、大周期、小周期到训练课的安排及其训练方法和训练负荷等方面对男子花剑灵敏和快速力量进行了深入的研究，建立了一套相对完整的“男子花剑运动员灵敏与快速力量训练方法”，并以中国男子花剑队运动员为实例列举了共计40余种灵敏和快速力量的训练手段，为击剑教练员设计体能训练方案提供了可参考的依据，同时对其他运动项目也有借鉴价值。

本研究应用“男子花剑运动员灵敏与快速力量训练方法”在中国男子花剑队备战2012年伦敦奥运会的过程中进行实证研究，集训期间针对灵敏和快速力量进行重点强化性训练，该训练方法取得了良好效果。中国男子花剑队运动员这两项身体素质测试指标都取得了非常显著的进步（$P<0.05$）。

本研究对中国男子花剑队运动员雷声进行了个性化实证研究，设计了个性化的训练方案。集训后，其灵敏和快速力量能力有显著的提升（$P<0.05$）。在快速力量训练中注重功能性力量的训练，使得他快速力量的训练更加有效；同时对其踝关节损伤的康复起到了很好的促进作

用，为其获得伦敦奥运会男子花剑个人金牌奠定了坚实的基础。

4.2 建议

建议在花剑运动员灵敏训练中继续采用健身操等配合音乐且结合专项的灵敏训练方法，这对于运动员灵敏能力和节奏感以及团队意识的培养有很好的促进作用。

建议今后在高水平花剑运动员的力量训练中，更加注重功能性力量的练习，尤其在快速力量训练中，加强功能性力量和专项特点的结合性训练，以提高力量训练的专项有效性，预防运动员伤病，并有利于运动员伤病的康复。

致　谢

几年博士生活犹如一日，转瞬即逝，师从王卫星教授，是我人生的最大幸事。导师不仅学识博通，还具备丰富的实践经验和深厚的科研造诣，更有敏锐犀利的洞察力和严谨认真的治学风格，引导我在理论和实践的学术乐园里前行。导师不仅以尊重真理、求真务实的科学态度教授我各种知识，解我困惑，启我心扉，更凭其对工作、对生活、对学生的激情永存、博大宽容、循循善诱、平易近人的态度，指引着我做人的方向。导师带我走进备战奥运会的国家运动队，进入学习和实践的新天地，有幸得到导师的指点和帮助，体会到在实践中学习和成长的快乐，我不胜感激，且乐在其中。感恩是一种美德，是一种态度，是一种信念，是一种情怀，同时也是人生的一种使命。“淡看世事去如烟，铭记恩情存如雪。”导师对我的恩情，我将永生不忘！同时，也深深感谢师母在生活和精神上对我的莫大鼓励和支持！

感谢北京体育大学，感谢研究生院的所有老师，曾经在我攻读硕士期间就带给我无限的温暖、温馨和温情。无论走到哪里，我都心系北体研究生院这个家；无论身在何方，我都以我是北体毕业的学生为荣。在论文的构思、调查与写作过程中，我还得到了众多专家学者、老师及同学的大力支持与帮助，感谢北京体育大学田麦久教授、张英波教授等各位老师的指导。感谢北京体育大学科研中心给我在上学期间提供的帮助。

感谢国家击剑运动管理中心击剑队领队赵春生和孙良勇，国家男子花剑队主教练王海滨、教练董兆致，以及所有男子花剑队队员，真诚感谢你们的支持和鼓励！和大家在一起的时光，是我人生道路上一笔莫大的宝贵财富。

感谢清华大学体育部的领导和同事们对我的理解和支持。感谢所有曾经帮助过我的领导、老师、同学和朋友们。

最后，感谢家人！感谢你们给我无尽的爱！

参考文献

［1］田麦久．运动训练学 [M]. 北京：人民体育出版社，2000.

［2］李凯．优秀运动员灵敏性测试与评价研究 [D]. 上海：上海体育学院，2009：45.

［3］许永刚．对篮球运动员灵活性与灵敏性的综述 [J]. 广州体育学院学报，1994，14（1）：27–30.

［4］高原，麻雪田．灵敏测速仪对我国部分儿童少年（11–15 岁）男子足球运动员灵敏素质测定与评价 [J]. 北京体育大学学报，2000，2: 23.

［5］Cronin J.B., McNair P.J. and Marshall R.N. Developing explosive power: a comparison of technique and training loads[J]. Journal of Science and Medicine in Sport, 2001, 4: 59–60.

［6］L.R. Williams and A. Walmsley. Response timing and muscular coordination in fencing: a comparison of elite and novice fencers [J]. Sci Med Sport, 2000, 3: 461.

［7］Arroyo, M., Gonza′les–de–Suso, J. M., Sanchez, B., Ansotegui, L., Rocandio, A. M. Body image and body composition: Comparisons of young male elite soccer players and controls [J].International Journal of Sport Nutrition and Exercise Metabolism, 2008, 18: 628–638.

［8］邓运龙．论现代体能训练新理念新方法 [J]．军事体育进修学院学报，2009，4：79–81.

［9］温鹏飞．四川省优秀男子短跑运动员体能训练研究 [D]. 北京：北京体育大学，2012, 29.

［10］Gabbett T and Benton D. Reactive agility of rugby league players [J]. Sci Med Sport, 2009, 12: 212–214.

［11］Draper J. A and Lancastern G., The 505 test: for agility in the hoizontal plane[J]. Australian Journal for Science and Medicine in Sport, 1985, 17（1）: 15–18.

［12］Young WB. A view of agility: Practical applications for strength and conditioning [J]. Strength and Conditioning Journal, 2006, 28（05）: 24–29.

［13］Pandrf CE, Nindl BC, Montain SJ, et al. Reliability assessment of two military relevant occupational physical performance tests. Canadian Journal of Apply Physiology, 2003, 28: 27–37.

［14］PensiniM. Central super adaptations following Eccentric resistance training [J] .Sports Med, 2002（23）: 567–574.

［15］Young WB, James R, Montgomery I. Is use power related to running speed with changes of direction? Journal of Sports Medicine and Physical Fitness, 2002, 43, 282–288.

［16］Craig BW. What is the scientific basis of speed and agility [J]. Strength and Conditioning Journal, 2004, 26（3）: 13–14.

［17］松田岩男 . 体育心理学参考教材 [M]. 吕其彦 , 译 . 北京 : 人民体育出版社，1985.

［18］Mark.Viitasalo. Evaluation of explosive strength for young and athletes [J].Research Quality for exercise and sport, 1998, 59（1）: 9.

［19］J.M.Sheppardi, Young W.B. Agility literature view: Classifications, training and testing [J]. Journal of Sports Sciences, 2006, 24（9）: 919–932.

［20］Chelladurai P. Manifestations of agility[J]. Canadian association of Health, Physical Education, and Reaction 1976, 42: 36–41.

［21］KIM M SAMSON, MICHELLE A SANDREY A. Core stabile–nation training program for tennis athletes [J]. Athol Therapy Today, 2007（5）: 41–46.

［22］刘宇 . 运动生物力学在运动控制与协调研究中的应用 [J]. 体育科学 , 2010, 30（11）: 67.

［23］陆爱云 . 运动生物力学 [M]. 北京 : 人民体育出版社，2010.

［24］秦硒 . 测力台上 SJ 测试的基本方法及膝角变化对测试结果的影响 [J]. 体育与科学 , 1998, 19（3）: 28–30.

［25］张跃 . 测力台上 SJ 和 CMJ 测试用于肌肉生物力学性能研究 [J]. 体育与科学 , 1998: 19（5）: 102.

［26］刘南楠 . 国家青年女子网球运动员力量训练研究 [D]. 北京：北京体育大学，2013：67.

［27］俞继英 . 奥林匹克击剑 [M]. 北京 : 人民体育出版社，2002：4–5.

［28］王骑兵，李维仁，赵刚．对击剑专项体能分析[J].辽宁体育科技，2007，29（02）：56.

［29］张双喜．击剑运动员的竞技能力与体能结构[J].南京体育学院学报，2005，19（6）：127-129.

［30］贝恩渤，邱宜均．对中国击剑队女子花剑运动员心理咨询与心理训练的研究[J]．武汉体育学院学报，1994，28（1）：37.

［31］王保成，杨汉雄．竞技体育力量训练指导[M].北京：人民体育出版社，2001：130-132.

［32］南仲喜，王林．身体素质训练指导全书[M].北京：北京体育大学出版社，2003.

［33］郑念军．论体能主导类项群（田径、举重）运动员下肢蹬伸力量能力的同元异构特征[D].北京：北京体育大学，2003：89.

［34］陈松，马启伟．动作速度定量控制发展肌肉速度力量的训练理论与方法[J].北京体育大学学报，1994，17（2）：78-89.

［35］刘北湘，石玉琴，李晓峰，等．发展肌肉爆发力的最大动量训练法研究[J].成都体育学院学报，1994，20（1）：78-85.

［36］万德光．现代力量训练[M].北京：人民体育出版社，2003.

［37］陈火木．发展跳远爆发力的生理学基础及其训练方法[J].体育科学研究，2000，（4）：22-27.

［38］王强军．我国男子高水平击剑运动员力量素质特征及训练方法研究[D].北京：北京体育大学，2007: 47.

［39］张疆之．快速力量概念及训练方法释义[J].山东体育学院学报，2011，2（25）：57-58.

［40］侯大兵.13-14岁田径快速力量循环训练法的实验研究[D].北京：北京体育大学，2010: 88.

［41］王清．肌肉力量测量方法．体育科学[J].1993，13（1）：18.

［42］米卫国，许以诚，金赟．优秀花剑运动员专项体能特点的研究[J].体育科研，2004，25（04）：43.

［43］孙赫男．我国优秀女子佩剑运动员专项身体素质调查研究[D].北京：北京体育大学，2011：33.

［44］赵芳．我国女子击剑运动员专项体能训练评价指标的研究[D].上海：上海体育学院，2010：66.

［45］杜智山，杨时．优秀女子击剑运动员的力量训练 [J]. 体育科研，2009, 30（03）: 62.

［46］霍炬．浅论击剑运动"快、准、狠、变"的技术风格 [J]. 搏击（体育论坛），2011, 3（09）: 13.

［47］徐佩珍，赵刚．谈击剑运动员体能训练的方法 [J]. 辽宁体育科技，2004, 26（02）: 44.

［48］褚伟．略论击剑运动的体能训练 [J]. 南京体育学院学报（自然科学版），2011, 10（06）: 36.

［49］刘浩．我国击剑运动科学研究现状分析 [D]. 北京：北京体育大学，2007：53.

［50］John Croin. Response timing and muscular coordination in fencing: a comparison of elite and novice fencers [J]. Sci Med Sport, 2000, 3: 461.

［51］Roi G. S., Bianchedi, D. The science of fencing: implications for performance and injury prevention [J]. Sports Medicine, 2008, 38: 465.

［52］Guillaume Herpin., Gonza´les–de–Suso, J. M., Sanchez, B., Ansotegui, L., Rocandio, A. M. Body image and body composition: Comparisons of young male elite soccer players and controls [J].International Journal of Sport Nutrition and Exercise Metabolism, 2008, 18:628–638.

［53］John S.Y.Chan. Different influence of off–road and on–road cycling practice on balance control and the related–neurosensory organization [J]. J Electromyogr Kinesiol 2009, 19:623–30.

［54］Williams, L.R.T, Christou E, Rosengren KS. Children achieve adult–like sensory integration during stance at 12–years–old [J]. Gait Posture, 2006, 23:455–63.

［55］Francesco Di Russo. Pitre R, el al.Competitions d'escrime: epee[J]. Analyse des durees et distances de deplacement.Med du Sport,1985,59:279.

［56］Tsolakis Charilaos, McNairPJ, Marshall RN.Lunge performance and his determinants[J].J Sports Sci, 2003, 21: 49–57.

［57］马特维耶夫．竞技训练负荷 [M]. 北京：北京体育学院出版社，1977.

［58］过家兴，等．运动训练学 [M]. 北京：北京体育学院出版社，1986.

［59］Tomasz B, Jerzy U.The effect of Plyometric training on strength-speed abilities of basketball players [J].Med Sport Press, 2008, 14（1）:14-19.

［60］胡亦海 . 竞技运动训练理论与方法 [M]. 北京 : 人民体育出版社 , 2005.

［61］ Wenger HA, Bell GJ. The interactions of intensity, frequency and duration of exercise training in altering cardio respiratory fitness [J].Sports Med, 1986, 3: 346-356.

［62］延峰 . 运动中训练负荷的定性及度量 [J]. 中国体育教练员 , 1999,（4）: 8-10.

［63］Tudor O. Bompa. Periodization: Theory and Methodology of Training 4th edition [M]. Human Kinetics Publishers Inc. 1999.

［64］陈小平 . 竞技运动训练实践发展的理论思考 [M]. 北京 : 北京体育大学出版社 , 2008：152.

［65］Hubert M,Tomasz S. Effects of plyometric training on maximal power output and jumping ability[J].Human movement, 2010, 11（1）: 17-22.

［66］徐本力 . 对负荷量、负荷强度和总负荷的概念、结构体系及科学调控中几个问题的再认识 [J]. 体育科研 , 2004, 25（06）: 32.

［67］冯连世 , 冯美云 , 冯伟权 . 运动训练的生理生化监控方法 [M]. 北京 : 人民体育出版社，2006: 26-27.

［68］陈小平 . 对马特维耶夫“训练周期”理论的审视 [J]. 中国体育科技 , 2003,（04）: 6-9.

［69］李庆 , 李景丽 , 顾扬 , 等 . 现代运动训练周期理论的思考和讨论 [J]. 体育科学 , 2004,（06）: 32.

［70］ Vescovi JD, McGuigan MR. Relationships between sprinting, agility, and jump ability in female athletes [J]. Sports Sci, 2007, 26（1）: 97-100.

［71］王卫星 , 蔡有志 . 体能 – 力量训练指南 [M]. 北京 : 北京体育大学出版社，2006: 10.

［72］朱顺强 . 竞技运动中功能性力量训练的训练理念及作用机制探析 [J]. 南京体育学院学报（自然科学版）, 2011, 15（6）: 58.

［73］付全 . 高水平击剑运动员视觉反应时特征的研究 [J]. 首都体育学院学报 , 2010, 9（1）: 3.

［74］郭黎．优秀击剑运动员肌力特点、有氧、无氧能力及赛前机能状态研究 [D]. 上海：上海体育学院，2009: 48.

［75］赵传杰，张双喜，尤小好．试论击剑运动中的节奏 [J]. 南京体育学院学报，2001, 15（1）: 75–76.

［76］赵佳．我国优秀高水平网球运动员力量训练理论与实践 [D]. 北京：北京体育大学，2009: 56.

［77］刘晔．对击剑运动员视觉动作反应能力的分析 [J]. 福建体育科技，1998, 17（1）: 44.

［78］ Bill Foran. 高水平竞技体能训练 [M]. 袁守龙，刘爱杰，译．北京：北京体育大学出版社，2006.10.

［79］郭英．我国击剑优秀运动员体能训练方法、手段优化研究 [J]. 第九届全国体育科学大会论文摘要汇编（3），2011,12（07）: 62.

［80］Ferrauti A, Weber K, Wright PR. Endurance: basic, semi–specific and specific. In: Reid M, Quinn A, Crespo M, eds. Strength and conditioning for tennis. London: ITF, 2003: 93–111.

［81］陈方灿．浅谈国外康复性体能训练的一些理念和发展趋势 [J]. 体育科学，2006，10: 95–96.

［82］Anderson T, Kearney JT. Effects of three resistance training programs on muscular strength and absolute and relative endurance[J]. Strength and Conditioning Journal, 1982, 53: 1–7.

［83］Bompa, Gregory Haff. Periodization theory and Methodology of Training[J]. M, human kinetics, 2009: 287–341.

［84］陈海霞，宁宁．人体平衡功能评定研究的最新进展 [J]. 现代护理，2006, 12（23）.

［85］张永春．对击剑运动训练指导思想的思考 [J]. 解放军体育学院学报，2000，19（4）: 84.

［86］陈小平．反应力量和反应力量的训练 [J]. 体育科学，2001, 21（5）: 36.

［87］资薇．我国优秀赛艇运动员年度训练负荷特点及关键问题研究 [D]. 北京：清华大学，2011：88–93.

［88］吴星亮．跆拳道步法灵敏及训练手段设计的研究 [D]. 北京：北京体育大学，2008.

［89］Peterson. An applied physiology of tennis performance[J]. Br J Sports Med, 2006, 40: 381–386.

［90］Gil Rhea. Josep L. Ventura, Joan A. Cadefau, Roser Cusso et.al. A short training programme for the rapid improvement of both aerobic and anaerobic metabolism[J]. Apply Physical, 2000, 82: 480–486.

［91］董德龙 . 我国男子自由式摔跤运动员体能训练取得突破的关键点研究 [D]. 北京：北京体育大学，2011: 78.

［92］高炳宏 . 优秀跆拳道运动员比赛后疲劳和恢复特点研究 [J]. 体育科学 , 2003, 23（6）: 112–126.

［93］贺璐敏 . 对陈中、罗微备战 2004 年奥运会训练过程控制的研究 [J]. 北京体育大学学报 , 2008, 31（5）: 719–721.

［94］帕沃 V. 科米 . 体育运动中的力量与快速力量 [M]. 马铁 , 高东明，译 . 北京：人民体育出版社，2004: 376–377.

［95］吴广亮 . 福建省青少年皮艇 1000 米运动员专项力量训练的研究 [D]. 北京：北京体育大学，2008: 35.

［96］Tudor O. Bompa, G. Gregory Haff. 周期——运动训练理论与方法 [M]. 李少丹 , 李艳翎 , 译 . 北京 : 北京体育大学出版社 , 2011.

［97］迪特里希・哈雷 . 训练学 [M]. 蔡俊五 , 等，译 . 北京 : 人民体育出版社 , 1985.

［98］Vern Gambetta. 竞技能力的全面发展——身体功能训练的艺术和科学 [M]. 刘宇，孙明运 , 译 . 北京 : 北京体育大学出版社 , 2011.

［99］Craig BW. What is the scientific basis of speed and agility[J]. Strength and Conditioning Journal, 2004, 26（3）: 13–14.

［100］Bauersfeld M, Voss G. Neue Wege im Schnelligkeits training[M]. Philippka, Mnster, 1992.

［101］Vladimir Issurin. Block Periodization Breakthrough in Sports Training[J]. Strength and Conditioning Journal, 2008, 12: 58–57.

［102］Schmidtbleicher D, Frick U, Wiesemann C. Strength Training in Volleyball [J]. Strength and Conditioning Journal, 1990, 20: 415–426.

［103］Young, W.B., James, R., Montgomery. Is muscle Power related to running speed with changes of direction?[J].Sports Medicine and Physical Fitness, 2002（43）: 282.

［104］ Chelladurai, P. Manifestation of agility. Canadian Association of Health, Physical Education and Reaction [J]. 1976, 42: 36–41.

［105］鞠洁 . 论我国优秀青年跆拳道队员的快速力量训练 [D]. 北京 : 北京体育大学，2011: 79.

［106］赵传杰 , 王健 , 等 . 从世界佩剑运动的发展谈我国佩剑的训练 [J]. 南京体育学院学报 , 2000, 14（4）: 143.

［107］张培田 . 关于击剑部分运动环节的思考 [J]. 南京体育学院学报 , 2003, 17（3）: 85–86.

［108］赵亮 , 葛春林 , 陈小平 . 高水平沙滩排球运动员核心稳定性与下肢专项移动能力的相关性研究 [J]. 北京体育大学学报 , 2013, 1（15）: 25.

附 录

附录1 男子花剑项目测试各指标和方法

1 男子花剑项目灵敏素质测试

测试项目：T 字测试、伊利诺斯灵敏跑、Z 字跑、口令刺靶、视觉反应时。

1.1 T 字测试

测试方法：测试者听信号，由起点起动，计时感应器开始计时，测试者向前加速跑 9 米至标志点触摸标志筒，然后向右跑 4.5 米至标志点触摸标志筒，再急停反方向加速跑 9 米至标志点触摸标志筒，转身跑 4.5 米至中间标志点触摸标志筒，然后跑回起点，结束计时。（图 1）

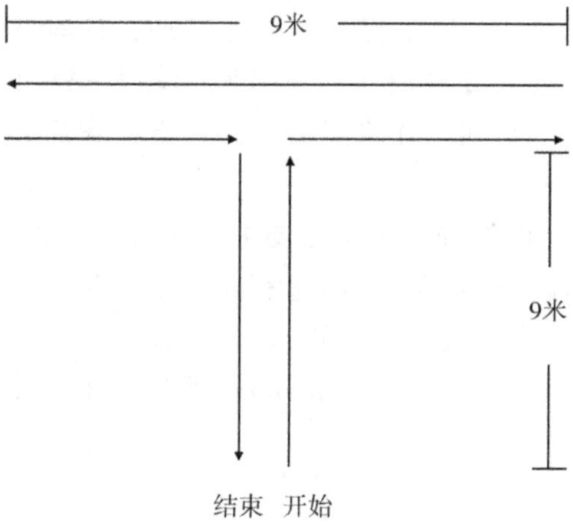

图 1 T 字测试

测试要求：①测试前，测试者要进行热身；②测试过程中不要碰倒任何标志筒；③手必须摸到标志筒才能跑向下一个标志筒。

评价标准：完成测试的总时间（单位：秒）。

测试设备：Speedtrap timing systems 系列电子测试系统（图 2）、皮尺、标志筒。

图 2 电子测试设备

1.2 伊利诺斯灵敏跑

测试方法：受试者听信号，由起点起动，计时感应器开始计时，向前跑至指定地点（长 10 米），采用后退跑至第一个标志物，采用 S 形跑绕标志筒一个来回，在跑至另一侧指定位置后，加速跑向终点，结束计时。（图 3）

测试要求：①测试前，测试者要进行热身，身体放松，动作协调；②行进过程不要碰倒标志物；③注意行进中身体重心的控制。

评价标准：完成测试的总时间（单位：秒）。

测试设备：Speedtrap timing systems 系列电子测试系统、皮尺、标志筒。

1.3 Z 字跑

测试场地：长方形场地的四个角分别放置标志物 1、标志物 2、标志物 3、标志物 4，标志物 1 距标志物 4 和标志物 2 距标志物 3 均长 4.85 米，标志物 1 距标志物 2 和标志物 3 距标志物 4 均长 3 米，标志物 5 位于长

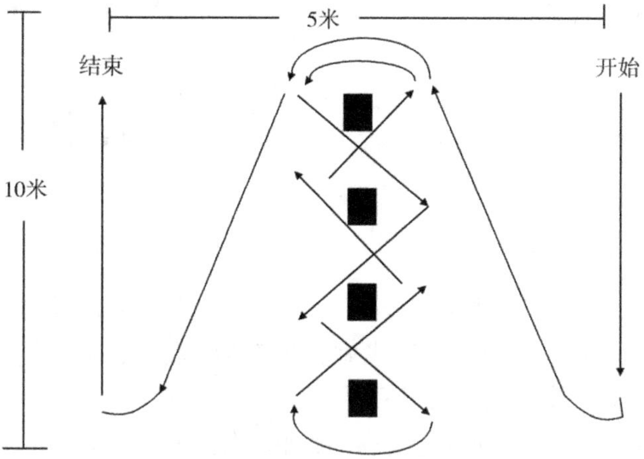

图 3 伊利诺斯灵敏跑

方形场地中心。

测试方法：该测试要求运动员在尽可能短的时间内完成整个测试。以标志物 1 和标志物 2 的中点为起点，听到发令后启动，计时感应器开始计时，从标志物 2 经标志物 5 前方跑至标志物 3，由标志物 3 至标志物 4，从标志物 4 经标志物 5 后方跑至标志物 1，从标志物 1 回到起点，结束计时。（图 4）

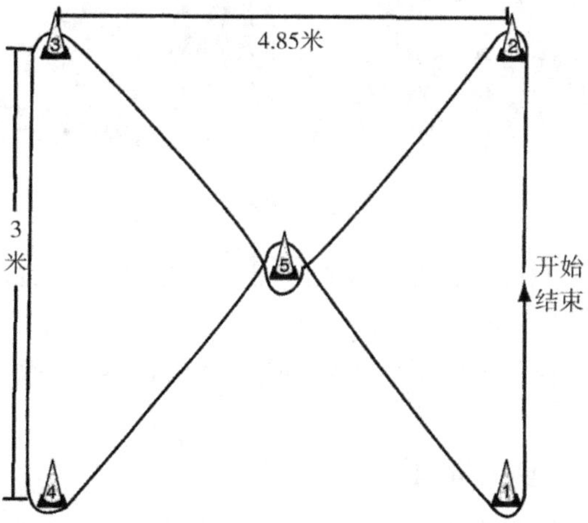

图 4 Z 字跑

测试要求：①不要碰倒任何标志物；②从外侧绕过标志筒，不要少绕。

评价标准：完成测试的总时间（单位：秒）。

测试设备：Speedtrap timing systems 系列电子测试系统、皮尺、标志筒。

1.4 口令刺靶

测试场地：击剑训练场地。

测试方法：测试时间 1 分钟，在 1 分钟之内要求运动员根据口令刺向不同的位置，记录正确完成刺靶的次数（花剑：躯干上分四个区）。

测试要求：每完成一次退回原点。

评价标准：规定时间内完成有效刺靶的总次数（单位：次）。

测试设备：花剑训练刺靶、运动员自己的训练用剑。

1.5 视觉反应时

测试场地：一个剑道宽、5 米长的场地，离运动员 2 米左右的位置有显示屏。（图 5）

图 5　视觉反应时测试场地

测试方法：测试当运动员看到屏幕上的信号变化后即刻做出反应所用的时间，向前移动 5 米后结束。

测试要求：第一次采用快速跑动进行测试，第二次采用专项步伐的移动进行测试。

评价标准：运动员看到信号后的反应时（单位：秒）。

测试设备：Optojump 光学检测系统。（图 6）

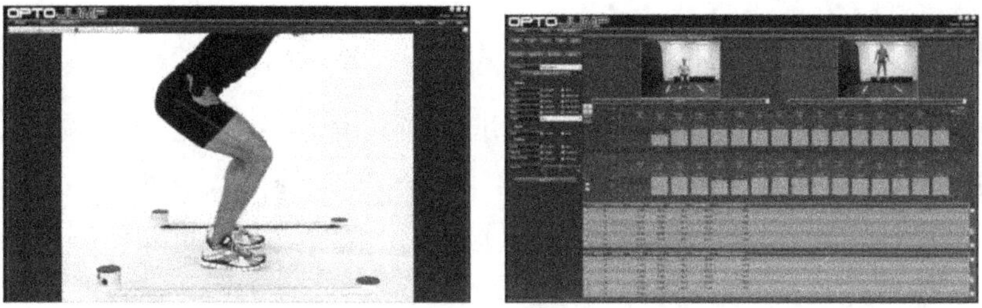

图 6 Optojump 光学检测系统

2 男子花剑项目快速力量素质测试

测试项目：高翻（爆发力）、立定跳远（爆发力和起动力量）、原地纵跳（反应力量）、单侧跪姿持剑臂抛球（爆发力和起动力量）。

2.1 高翻

测试方法：两脚开立，与肩同宽，下蹲，髋低于肩，双手握杠铃，握距略宽于肩；用力伸髋、伸膝，将杠铃提离地面，当杠铃高过膝关节后向前顶髋，快速有力地伸髋、伸膝，杠铃尽量靠近身体，快速向上耸肩提铃，抬肘，使上臂与地面平行，将杠铃横架在锁骨和三角肌前部之上，双腿平稳成弓步。下降时逐步减少手臂肌肉张力，有控制地将杠铃下降到大腿处。

主要要求：近、快、短。

测试要求：测试前被测者要热身，用个人的最大力量完成测试。

评价方法：用个人高翻的重量来评价。

场地器材：杠铃。

2.2 立定跳远

测试方法：运动员双脚抵住起跳线，起跳前脚不能移动或垫步，起跳时双脚同时蹬离地面。一般测量从出发点到最近的着地点的距离。进行三次测试，取最佳一次成绩。

测试要求：测试前被测者要热身，用个人的最大力量完成测试。

评价方法：用远度来计量成绩。

场地器材：长沙坑、皮尺。

2.3 原地纵跳

测试方法：受试者站在纵跳测试仪踏板上，尽力垂直向上跳起，起跳前双脚不能移动或垫步。进行三次测试，取最佳一次成绩。

测试要求：测试前被测者要热身，用个人的最大力量完成测试。

评价方法：用高度来计量成绩。

场地器材：纵跳测试仪。（图 7）

图 7　纵跳测试仪

2.4 单侧跪姿持剑臂抛球

测试方法：单膝跪于垫上，将实心球举至持剑臂体侧，转腰向前推抛实心球。进行三次测试，取最佳一次成绩。

测试要求：测试前被测者要热身，用个人的最大力量完成测试。

评价方法：用远度来计量成绩。

场地器材：击剑馆或平坦宽阔的地方、垫子、皮尺。

3 男子花剑项目核心力量测试

测试项目：八级腹桥、八级侧桥、两头起。

3.1 八级腹桥

测试方法：腹桥总共八级动作，①以脚尖和肘部作为支点，将身体撑起；②抬起右臂；③收回右臂，抬起左臂；④收回左臂，抬起右腿；⑤收回右腿，抬起左腿；⑥抬起左腿和右臂；⑦收回左腿和右臂，抬起右腿和左臂；⑧回到初始姿势。第一级动作 30 秒，接下来每一级动作 15 秒，最后一级动作 30 秒。

测试要求：始终保持核心区于中立位。脊柱不发生扭转、起伏，腰不塌，背不弓。队员在某级动作中未达到上述要求，立即停止，上一级别为运动员该项测试的成绩。

评价方法：用符合要求的评价级别来计量成绩。

场地器材：垫子。

3.2 八级腹桥

测试方法：侧桥总共八级动作，①以脚尖和肘部作为支点，将身体撑起；②抬起右臂；③收回右臂，抬起左臂；④收回左臂，抬起右腿；⑤收回右腿，抬起左腿；⑥抬起左腿和右臂；⑦收回左腿和右臂，抬起右腿和左臂；⑧回到初始姿势。第一级动作 30 秒，接下来每一级动作 15 秒，最后一级动作 30 秒。

测试要求：始终保持核心区处于中立位。脊柱不发生扭转、起伏，腰不塌，背不弓。队员在某级动作中未达到上述要求，立即停止，上一级别为运动员该项测试的成绩。

评价方法：用符合要求的评价级别来计量成绩。

场地器材：垫子。

3.3 两头起

测试方法：平躺于垫子上，两腿并拢自然伸直，两臂于头后自然伸直。起坐时，两腿、两臂同时上举下压，向身体中间靠拢。

测试要求：手脚在腹部正上方接触，回到起始位置做下一个。

评价方法：用符合要求的完成数量来计量成绩。

场地器材：垫子。

附录 2　男子花剑运动员灵敏和快速力量测试指标调查问卷

尊敬的教练：

请您对反映男子花剑运动员灵敏和快速力量身体素质指标的重要程度进行打分（在框内打“○”，重要程度依次分为 1 分、2 分、3 分、4 分、5 分）。

谢谢！

灵敏

	1	2	3	4	5
T 测试	□	□	□	□	□
蛇形跑	□	□	□	□	□
Z 字跑	□	□	□	□	□
四角跑	□	□	□	□	□
跳绳双飞	□	□	□	□	□
伊利诺斯灵敏跑	□	□	□	□	□
口令刺靶	□	□	□	□	□
视觉反应时	□	□	□	□	□

快速力量

	1	2	3	4	5
立定跳远	□	□	□	□	□
高翻	□	□	□	□	□
胸前双手推球	□	□	□	□	□
转体侧抛球	□	□	□	□	□
后抛球	□	□	□	□	□
单侧跪姿持剑臂抛球	□	□	□	□	□
原地纵跳	□	□	□	□	□

您认为是否还有其他重要指标？如果有请列出。

其他指标：______________________________

问卷效度检验

问题 1：请问您认为该问卷的内容设计是否符合本研究的需要？
问题 2：请问您认为该问卷中的指标是否符合本研究的内容？
请您在附表中认为合适的栏中划“○”。

附表 专家调查效度检验表

项目	非常满意	满意	基本满意	不太满意	不满意
问题 1					
问题 2					

对您的支持表示诚挚的谢意！

附录3　备战2012年伦敦奥运会中国男子花剑运动员调查问卷

你好，我是体能教练彭建敏，很感谢你在集训的日子里配合我的工作。以下有几个问题需要了解，耽误你几分钟时间选择一下，感谢你的支持与合作！

你的姓名：　　　　　　　　　　　　　　　　E-mail：

1. 你对健身操、街舞加入训练内容的态度是（　　）。
A 很有必要　B 有必要　C 可有可无　D 没有必要

2. 你认为以下身体素质对专项能力影响程度如何？请按重要程度由大到小依次排序（　　　　　　　　　　　　　　　　　　　　）。
A 灵敏协调　B 速度　C 力量　D 平衡　E 柔韧　F 耐力　G 其他（如果有，请补充并列入排序中）

3. 你认为你最强的体能能力是（　　）。
A 灵敏协调　B 速度　C 力量　D 平衡　E 柔韧　F 耐力　G 其他（如果有请直接填写答案）

4. 你认为你最弱的体能能力是（　　）。
A 灵敏协调　B 速度　C 力量　D 平衡　E 柔韧　F 耐力　G 其他（如果有请直接填写答案）

5. 你认为你最需要，却仍没有解决的体能方面的问题是（　　）。
A 灵敏协调　B 速度　C 力量　D 平衡　E 柔韧　F 耐力　G 其他（如果有请直接填写答案）

6. 你认为在比赛中你最大的优势是（　　）。

A 体能　B 技术　C 战术　D 心理　E 知识智力　F 其他（如果有请直接填写答案）

7. 你认为在比赛中你最大的弱点是（　　）。

A 体能　B 技术　C 战术　D 心理　E 知识智力　F 其他（如果有请直接填写答案）

8. 在比赛中你认为你最需要，却仍没有解决的问题是（　　）。

A 体能　B 技术　C 战术　D 心理　E 知识智力　F 其他（如果有请直接填写答案）

9. 你认为以下因素在比赛中影响程度如何？请按重要程度由大到小依次排序（　　　　　　　　　　　　　　　　　　　　　　）。

A 体能　B 技术　C 战术　D 心理　E 知识智力　F 其他（如果有，请补充并列入排序中）

10. 你目前身体伤病部位是______________________________。

（如果有请填写相应伤病部位，如果没有伤病请填“无”）

问卷效度检验

问题 1：请问你认为该问卷内容的设计是否合理？

问题 2：请问你认为该问卷结构的设计是否合理？

请你在附表中认为合适的栏中划“○”。

附表　问卷效度检验调查表

	合理	比较合理	不合理
问题 1			
问题 2			

对你的支持表示诚挚的谢意！

附录4 作者在读期间发表的学术论文与研究成果

在读期间发表论文：

[1] 彭建敏，杜超．体育课程标准取代教学大纲的思考 [J]. 体育文化导刊，2010, 3（93）: 81–83.

[2] 彭建敏．体育课理论文化教学内容的设计研究 [J]. 学校体育与健康科学，2010, 5: 91–92.

[3] 彭建敏，王卫星 .Application of Swiss Ball on Improving the Core Strength of Human Being. Proceeding of the 22nd Pan–Asian Congress of Sports & Physical Education, 2011, 2: 173–176.（EI 收录）.

[4] 彭建敏，王卫星 .The Feasibility Study of Aerobics and Hip–hop to Add the China Men's Foil Team Strength and Conditioning Training Content. Proceedings of the Xi,an 2012 International Conference of Sport Science & Physical Education, 2012, 2: 6–9.（ISTP 收录）.

[5] 彭建敏，王卫星．中国男子花剑队备战 2012 伦敦奥运体能训练内容特点研究．首都高等学校体育改革发展的理论与实践，2012:439.

[6] 彭建敏，刘波．美国体育产业的启示 [J]. 体育文化导刊，2012，11（125）: 113–116.

在读期间承担和参与的课题：

[1] 国家男子花剑运动员灵敏与速度力量素质的关系及其训练方法的研究．清华大学人文社科振兴基金．2012.03–2013.12. 课题负责人．

[2] 大学街舞．清华大学"985 工程"三期教材建设项目．2012.12–2013.12. 课题负责人．

[3] 普通高校教体结合培养世界大赛奖牌获得者的理论与实证研究．全国教育科学规划办项目．2012.12–2016.12. 主要参加者．